もういちど訪ねる日本の美

Mōichido Tazuneru Nihon no Bi

上

小林忠　五味文彦　浅井和春　佐野みどり　監修

山川出版社

はじめに

本書のもとになった一九八三年発刊の『日本史写真集』は、中学校・高等学校の先生方の要望にこたえ、現場の先生のアンケートをもとに専門的かつ教育的観点から検討を加え、各時代の選りすぐった文化・芸術・美術を大きな写真とともに解説したものでした。

写真集を監修された石田尚豊氏は、教科書にあまり扱われていない作品をも選んだことについて、教科書にふれられているものから「さらに内容を深め、一歩進んだ授業をしていただきたいと考えたからである」として、新薬師寺十二神将像や聖林寺十一面観音像、臼杵の石仏、円空仏などを選ばれたと言っておられました。

それもあって収録写真の多くは時代を代表する美術作品であることから、教育現場だけでなく、一般の方からも手元においてじっくり見たいという要望が次々と寄せられてきました。そこでその要望に応え、新たな研究と教育環境を考慮しつつ、『日本史写真集』から作品を厳選するとともに、さらに新たに作品を追加して見やすい本の形で提供することにしました。

解説は写真集が当時一線で活躍しておられた研究者の手になるものであることから、それを生かしつつも新たな研究成果を盛り込むため、現在の視点から手を入れることとしましたので、まさに「もういちど訪ねる日本の美」にふさわしい本になったと思います。

見開き一テーマで、右頁に図版が入り、左頁にその解説をというコンパクトなつくりに、彫刻や絵巻などにかかわる基礎的知識・知見をコラムの形で記したことにより、日本美術の概説書としての側面をも有しており、この上下二冊で日本文化の歴史とその枠を知ることになるものと確信しています。

読者にはこれを手掛かりにして日本の文化について考えられ、さらに現物を実見されることをお奨めしたい。実は監修者の一人である私も見ていない作品がいくつもあるので、見に行きたいと思っているところです。

二〇一八年二月

五味文彦

もういちど訪ねる日本の美 上

一 法隆寺西院 004
二 法隆寺金堂釈迦三尊像 006
三 法隆寺救世観音像 008
四 法隆寺百済観音像 010
五 法隆寺玉虫厨子 012
コラム 玉虫厨子に見る釈迦本生譚 014
六 広隆寺弥勒菩薩半跏思惟像
中宮寺弥勒菩薩半跏思惟像 016
七 中宮寺天寿国繍帳 018
八 薬師寺東塔 020
九 薬師寺金堂薬師三尊像 022
コラム 仏像の種類・塔の構造 024
十 興福寺仏頭 026
十一 法隆寺金堂壁画（六号壁阿弥陀浄土図） 028
十二 高松塚古墳壁画 030
十三 興福寺阿修羅像 032
十四 東大寺盧舎那大仏 034
十五 東大寺法華堂（三月堂） 036
十六 東大寺不空羂索観音像 038
十七 東大寺執金剛神像 040
十八 東大寺戒壇院広目天像 042
十九 正倉院宝庫 044
二十 正倉院鳥毛立女屏風 046
二十一 正倉院螺鈿紫檀五絃琵琶 048
二十二 唐招提寺金堂 050
二十三 唐招提寺鑑真和上像 052
二十四 新薬師寺十二神将像 054
二十五 薬師寺吉祥天像 056
コラム 天平の彫刻・平安の彫刻 058
二十六 聖林寺十一面観音像 060
二十七 神護寺薬師如来像 062
二十八 観心寺如意輪観音像 064
二十九 法華寺十一面観音像 066
三十 室生寺金堂 068
コラム 仏像の衣文 070
三十一 東寺（教王護国寺）講堂不動明王像 072
三十二 東寺（教王護国寺）両界曼荼羅（胎蔵界曼荼羅） 074
三十三 薬師寺八幡三神像 076
三十四 平等院鳳凰堂 078
三十五 平等院鳳凰堂内部と阿弥陀如来像 080

三十六　浄瑠璃寺九体阿弥陀像　082
三十七　阿弥陀聖衆来迎図　084
三十八　中尊寺金色堂内陣　086
三十九　臼杵磨崖仏（大日如来坐像）　088
四十　源氏物語絵巻（宿木第一段）　090
四十一　信貴山縁起絵巻（山崎長者の巻）　092
四十二　伴大納言絵巻　094
コラム　絵巻物の基礎知識　096
四十三　扇面古写経（扇面法華経冊子）　098
四十四　鳥獣戯画（鳥獣人物戯画）　100
四十五　地獄草紙　102
四十六　平家納経　104
四十七　東大寺南大門　106
四十八　東大寺南大門金剛力士像　108
四十九　一遍上人絵伝（武士の館）　110
五十　一遍上人絵伝（福岡市）　112
五十一　鶴林寺本堂　114
コラム　南都復興と仏師たち　116
五十二　興福寺無著像・世親像　118
五十三　六波羅蜜寺空也上人像　120
五十四　上杉重房像　122

下

五十五　平治物語絵巻
五十六　蒙古襲来絵詞
五十七　春日権現験記
五十八　赤糸威大鎧（春日大社）
五十九　円覚寺舎利殿
六十　鹿苑寺金閣と庭園
六十一　慈照寺銀閣と庭園
六十二　龍安寺方丈庭園
六十三　妙心寺退蔵院瓢鮎図
六十四　雪舟　四季山水図（山水長巻）
六十五　狩野元信　大仙院四季花鳥図
六十六　祇園祭と町衆
洛中洛外図屏風（狩野永徳）
六十七　風俗図屏風（月次風俗図屏風）
六十八　那智参詣曼荼羅
六十九　長篠合戦図屏風
七十　姫路城
コラム　現存する安土桃山時代築造の天守
七十一　二条城二の丸御殿
大広間（上段の間）
七十二　醍醐寺三宝院庭園
七十三　妙喜庵待庵
七十四　唐獅子図屏風
コラム　桃山の巨匠・狩野永徳
七十五　花下遊楽図屏風
七十六　職人尽図屏風
七十七　南蛮屏風
七十八　江戸図屏風（江戸城）
七十九　江戸図屏風（江戸の賑わい）
八十　日光東照宮陽明門
八十一　桂離宮御殿
八十二　彦根屏風
八十三　阿国歌舞伎図屏風
八十四　俵屋宗達　風神雷神図屏風
八十五　尾形光琳　紅白梅図屏風
八十六　舟橋蒔絵硯箱（本阿弥光悦）と
八橋蒔絵螺鈿硯箱（尾形光琳）
八十七　菱川師宣　見返り美人図
八十八　色絵花卉文輪花鉢と
色絵吉野山図茶壺（野々村仁清）
八十九　友禅染（染分縮緬地京名所模様小袖）
九十　萬福寺大雄宝殿
九十一　円空と木喰明満
九十二　鈴木春信　雨夜の宮詣で・縁先物語
九十三　喜多川歌麿　浮気之相・台所美人
九十四　東洲斎写楽
三代目大谷鬼次の江戸兵衛・
中山富三郎の宮城野
九十五　葛飾北斎　冨嶽三十六景
（凱風快晴・神奈川沖浪裏）
九十六　歌川広重　蒲原・洗馬
九十七　円山応挙　雪松図屏風
九十八　池大雅・与謝蕪村　十便十宜図
九十九　伊藤若冲　群鶏図（動植綵絵）
一〇〇　渡辺華山　鷹見泉石像
一〇一　司馬江漢　不忍池図
一〇二　大浦天主堂（内部）
一〇三　東京名所之内銀座通
煉瓦造鉄道馬車往復図
一〇四　狩野芳崖　悲母観音
一〇五　高橋由一　鮭
一〇六　黒田清輝　舞妓
一〇七　青木繁　海の幸
一〇八　荻原守衛　女

奈良県生駒郡斑鳩町

法隆寺西院《ほうりゅうじさいいん》

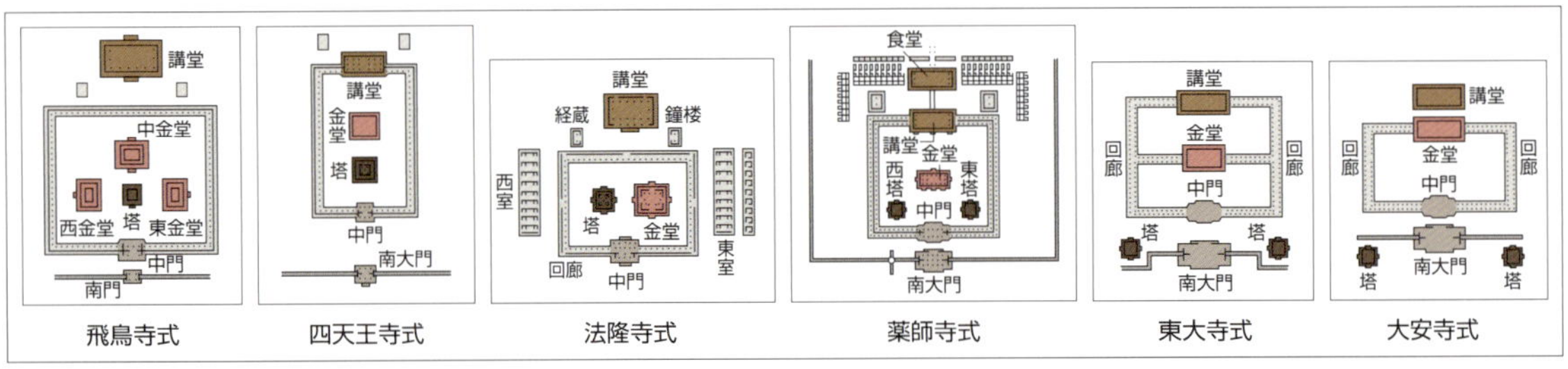

伽藍配置の変遷

西院の成り立ち

法隆寺西院は、金堂と五重塔が東西に並び、前方の中門から回廊がのびて全体を取り囲む配置をもつ。現在は背面の回廊が北に折れて経蔵《きょうぞう》と鐘楼《しょうろう》に連なり、さらに講堂に接続するのだが、これは平安時代初期に変更されたためである。金堂、五重塔、中門、回廊は日本の建築のなかでもっとも古い一群の建築であり、七世紀後半の建立にかかる。その最大の特徴は、雲形肘木《くもがたひじき》・斗《と》を使う組物をもつことであって、七世紀以前の東アジアの建築の姿を伝えている。

法隆寺は聖徳太子《しょうとくたいし》(厩戸王《うまやとおう》)が六〇一(推古《すいこ》天皇九)年に営んだ斑鳩宮《いかるがのみや》の西側に設けた寺院である。当時の政治の中心地飛鳥《あすか》と一五km ほど離れているのは、聖徳太子の政治姿勢をあらわしているのだろうか。金堂の薬師如来《やくしにょらい》像銘には、用明《ようめい》天皇の遺志を継いで六〇七(推古天皇十五)年に推古天皇と聖徳太子が寺と仏像をつくったとあり、さらに釈迦三尊《しゃかさんぞん》像銘には聖徳太子の死去をいたんでその翌六二三(推古天皇三十一)年につくったとある。さらに斑鳩宮は子の山背大兄王《やましろのおおえのおう》に引き継がれたのであり、法隆寺は太子一族の寺院であった。

聖徳太子創立のこの寺は、『日本書紀《にほんしょき》』では六七〇(天智《てんじ》天皇九)年に焼失したというが、しかし、寺内ではこのことがまったく伝承されなかった。それゆえ賛否両論が生じ、再建・非再建論争として、一九〇五(明治三十八)年以来美術史上の大論争となった。その後、西院伽藍《がらん》の東南にある寺院跡の若草《わかくさ》伽藍が七世紀初頭の建立にかかることが発掘調査で確認されたので、現在の伽藍は七世紀末の天武《てんむ》朝から七一一(和銅《わどう》四)年頃にかけての再建とみられるようになった。

近年では、瓦の編年や金堂の部材の年輪年代測定などから、六四三(皇極《こうぎょく》天皇二)年の蘇我馬子《そがのうまこ》の斑鳩宮焼打ちのときに焼失し、その後の再建との説も有力になってきている。

飛鳥・奈良時代の伽藍配置

五九一(崇峻《すしゅん》天皇四)年から建立された日本で最初の本格的な寺院である飛鳥寺は、塔を中心におき、その東西北の三方に三棟の金堂を配置していた。飛鳥寺は百済《くだら》の工人を招いて建てたことが『日本書紀』に記されているが、この伽藍の形式が朝鮮半島北部に成立した高句麗《こうくり》に類似の例があることから、高句麗文化の影響も受けていたことがわかる。しかし、飛鳥寺に続く四天王寺《してんのうじ》・若草伽藍・山田《やまだ》寺《でら》は金堂が一つである。東西金堂が省略された形式なのだろう。

七世紀半ばから金堂と塔を東西に並立させる配置が出てくる。その先例は吉備池廃寺《きびいけはいじ》であって、舒明《じょめい》天皇が六三九(舒明天皇十一)年に創立した百済大寺《おおでら》と推定されている。法隆寺の伽藍形式は七世紀前期にはすでに存在していたのである。

七世紀末には東西両塔をもつ薬師寺《やくしじ》式伽藍配置があらわれる。先例は新羅《しらぎ》にあって、その影響と推定される。八世紀に入ると金堂が中心の伽藍配置に変わり、塔は付属的な扱いとなった。平城京《へいじょうきょう》に建設された興福寺《こうふくじ》・元興寺《がんごうじ》・大安寺《だいあんじ》・東大寺《とうだいじ》などは、この形式のなかで少しずつ変化をもたせたものである。

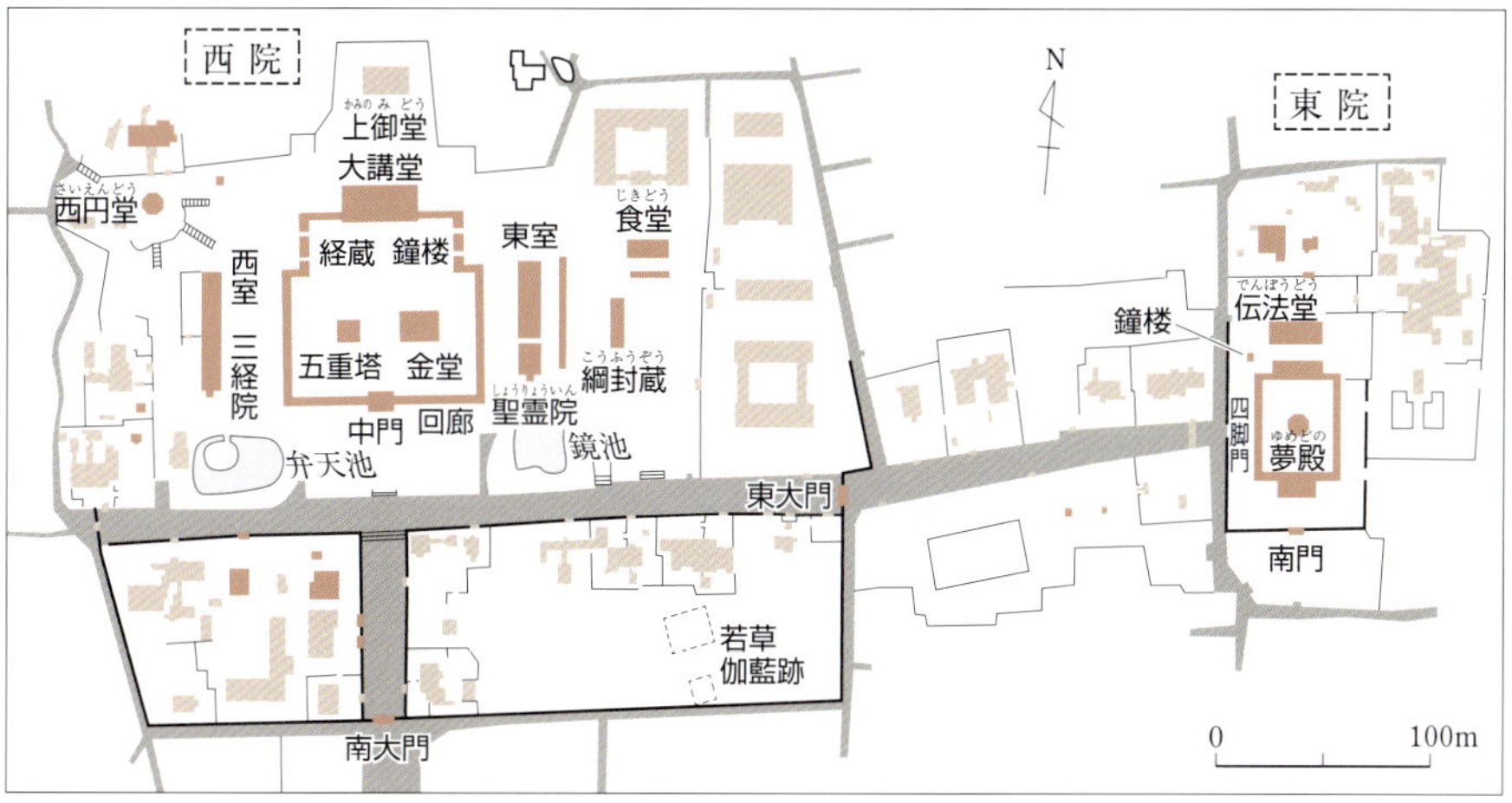

法隆寺配置図

法隆寺金堂釈迦三尊像《ほうりゅうじこんどうしゃかさんぞんぞう》

国宝，銅造・鍍金，像高（中尊）86.4cm，（左脇侍）90.7cm，（右脇侍）92.4cm，飛鳥時代（623年），止利仏師（鞍作鳥）作

二

釈迦三尊像

法隆寺金堂の中の間に安置されている銅造の釈迦三尊像は、光背《こうはい》の裏面に造像銘《ぞうぞうめい》(像がつくられた由緒を記したもの)が刻まれており、「六二二(推古《すいこ》天皇三十)年、厩戸王《うまやとおう》(聖徳《しょうとく》太子《たいし》)と十食王后(「干食」を「かしわで」と訓み、膳妃《かしわでのきさき》とみる説が有力)の冥福《めいふく》を祈って一族・諸臣らが発願《ほつがん》し、止利仏師《とりぶっし》(鞍作鳥《くらつくりのとり》)につくらせて翌年完成した」とある。

宣字座《せんじざ》と呼ばれる台座上に、さらに台座を載せて中尊釈迦如来《にょらい》像が坐り、その左右に、宣字座の上面から生えた蓮花にほぼ同形の脇侍《きょうじ》像が立ち、この三尊をおおうように蓮弁《れんべん》形の大光背が付属する一光三尊《いっこうさんぞん》形式と呼ばれる像である。中尊像は面長の頭部に杏仁《きょうにん》形に見開いた両眼をあらわし、唇は両端がわずかに吊り上がって微笑をたたえ、目鼻立ちをはっきりと刻んでいる。頸は円筒形で、胸なども起伏がほとんどない。脚部の中央を低く、膝頭の部分を高くつくって抑揚を示し、裙《くん》の先端も左右を鋭角にあらわすのが特色である。両脇侍像はほぼ同形で、頭上に大型の冠《かんむり》をいただき、中尊像と同様に微笑を含む表情である。

三像とも正面観が重視されていて、天平《てんぴょう》彫刻のような成熟した立体感にまではいたっていない。着衣の形式や光背、台座の構成などは中国の南北朝時代・六世紀前半頃の彫刻様式(近年では、とくに南朝 梁《りょう》代のそれとみる説が有力)を引き継いでいるのは明らかだが、中国の作品やその影響を直接に受けた朝鮮の彫刻に見られるような剛直で鋭い感覚は薄れ、表情や衣の襞《ひだ》などに日本独自の繊細な感覚があらわれている。

仏教伝来と飛鳥彫刻

仏教が伝来した時期については、史料によって記される年が異なるものの、欽明《きんめい》天皇の時代、六世紀半ばであることは間違いない。この頃には、仏教を信仰する渡来人《とらいじん》により造寺造仏が始められたと考えられる。

日本最古の伽藍《がらん》をもつ寺院は、蘇我馬子《そがのうまこ》が五八八(崇峻《すしゅん》天皇元)年から六〇九(推古天皇十七)年にかけて建立した法興寺《ほうこうじ》(飛鳥寺《あすかでら》)である。本尊の銅造の釈迦如来像は飛鳥大仏とも呼ばれ、法隆寺金堂釈迦三尊像と同様、止利仏師の作として知られる。現存する飛鳥大仏はほとんどが後世の補修によるが、造立当時の部分である肉髻《にくけい》・地髪《じがみ》の前面部から顔面部の大半、右手の掌や三本の指などには、法隆寺の像と共通した表現がうかがわれる。このような中国の南北朝時代の彫刻様式を源流とする止利仏師やその周辺で制作された作品は止利様式と呼ばれ、飛鳥彫刻の主流を占める。

六世紀から七世紀初頭にかけて日本は朝鮮半島との交流がさかんで、中国との直接交渉はほとんどおこなわれていない。このことが飛鳥彫刻にも反映されていて、止利様式の作品が中国の比較的古い時代の様式を受け継いでおり、また聖徳太子や蘇我氏に関連した寺院でのみ制作された理由でもあると思われる。

飛鳥大仏(釈迦如来像)
安居院, 国重要文化財, 銅造, 像高275.2cm

日本初の本格伽藍をもつ飛鳥寺

蘇我馬子が建立した法興寺は、塔・金堂などの伽藍をもつ日本初の本格的な寺院だった。百済《くだら》からの技術者が参加して、従来の掘立柱《ほったてばしら》とは異なり、礎石《そせき》の上に柱を立てて屋根に瓦を葺《ふ》く建築技法が用いられた。飛鳥寺の発掘調査では、塔の心礎《しんそ》から古墳の副葬品と同種の品が出土。これは在来の信仰と習合《しゅうごう》する形で仏教が導入されたことを示している。

塔心礎出土品(一部)
奈良文化財研究所飛鳥資料館

法隆寺救世観音像《ほうりゅうじぐぜかんのんぞう》

法隆寺夢殿, 国宝, 木造・彩色,
像高178.8cm, 飛鳥時代

二

法隆寺東院と夢殿の創建

夢殿《ゆめどの》がある法隆寺東院は、かつて聖徳太子《しょうとくたいし》(厩戸王《うまやとおう》)や山背大兄王《やましろのおおえのおう》をはじめとする上宮《じょうぐう》王家一族が住み、また六四三(皇極《こうぎょく》天皇二)年に蘇我入鹿《そがのいるか》の攻撃で焼亡する斑鳩宮《いかるがのみや》の故地ともいわれ、七三九(天平《てんぴょう》十一)年、のちの大僧都《だいそうず》行信《ぎょうしん》によって建てられたという。一九四〇(昭和十五)年前後におこなわれた院内堂宇《どうう》の解体修理の際、建物の下から宮殿の柱跡や焼土・焼瓦などが発見され、斑鳩宮跡であることが証明された。

夢殿は東院の正堂《しょうどう》で、その名の由来は、太子が在世中にしばしばこの堂にこもり、夢中にあらわれた金人《きんじん》(金色に輝く仏)の助けを得て諸経の疏《そ》(注釈書)を著した、との伝説にもとづいている。堂内には太子の等身像と称される飛鳥《あすか》時代作の救世観音像が祀られており、創建当初から太子信仰との密接な結びつきをもつ堂宇であることがうかがえる。

救世観音像

本像は、七六一(天平宝字《ほうじ》五)年の『法隆寺縁起幷資財帳』に「上宮王等身観世音菩薩《かんぜおんぼさつ》木像」と記され、元来、聖徳太子ゆかりの観音像であった。救世観音の名が見えるのは平安時代に入ってからのことである。像はその頃からすでに厨子《ずし》内におさめられ、鎌倉時代に入ると、厳重な秘仏として、その姿も言い伝えによるばかりとなっていた。

樟《くすのき》の一木造《いちぼくづくり》で、大きさはほぼ等身、肉身や衣の全面に金箔《きんぱく》を押している。大ぶりの宝冠をつけ、蕨手《わらびて》の垂髪《すいはつ》を肩へたらし、天衣《てんね》の端を左右対称に鰭《ひれ》状に広げる正面観や、「く」の字形の抑揚をもつ側面観、そして古拙《こせつ》の笑みを浮かべる表情などは、金堂釈迦三尊像《こんどうしゃかさんぞんぞう》(第二図)の脇侍《きょうじ》菩薩と似かよう。止利《とり》派周辺の仏師の作であり、制作は飛鳥前期をくだらないと考えられる。

宝冠・台座・光背

宝冠は金銅製透彫《すかしぼり》で、瑠璃《るり》玉を要所にちりばめる。その意匠は、C字形を主体とする雲気《うんき》とパルメットの複合文様によって構成される。また中央の頂にはササン朝ペルシア系の王冠飾の文様である宝珠《ほうじゅ》と三日月《みかづき》の組み合わせが見える。

台座は樟《くすのき》製、一六弁三段葺《ぶき》の反花座《かえりばなざ》で、各蓮弁は複弁形で先端は比較的丸味をおびる。

宝珠形の光背《こうはい》は樟製の浮彫《うきぼり》で、像の本体と同じく箔押しとし、さらに表面に透漆《すきうるし》をかけて仕上げている。文様は、やはりC字形またはS字形をからませた雲気やパルメットの唐《から》草《くさ》で構成され、とくに周縁部のゆらめく火焔《かえん》は、C字形文様の原点となった虺龍《きりゅう》文(中国古代の伝説上の動物を意匠化した文様)をほうふつとさせる。頂上の宝塔の形も特殊で、甲寅《こういん》(五九四)年銘の刻まれた光背(法隆寺献納宝物一九六号、東京国立博物館)と同形である。

岡倉天心 茨城県天心記念五浦美術館

フェノロサ 東京藝術大学

フェノロサ・天心と救世観音

本像を明治期に初めて開扉《かいひ》した人物が、岡倉天心《てんしん》とフェノロサの一行である。一八八四(明治十七)年六月、関西の古社寺調査を命ぜられた天心は、フェノロサやそのほかの人々とともに法隆寺を訪れ、秘仏であった救世観音の開扉を寺僧に迫った。寺僧は、開扉すると落雷があるとの言い伝えを理由にかたくなに拒んだが、ようやくのことで説得し、一行は観音を拝することができたのである。天心はのちにこのときの感動を、東京美術学校(現、東京藝術大学)での日本美術史の講義で次のように語っている。

僧等怖れて皆去る。開けば乃《すなわ》ち千年前の臭気芬々《ふんぷん》鼻を衝き、堪《た》ふ可からず。蛛糸を掃ひて漸く進めば、東山時代の器具あり。之《これ》を除きて歩すれば高さ七、八尺のものあり。布・経切等を以て幾重となく之を包めり。及ち之を除かんとすれば蛇鼠驚き出づるあり。(中略)除き終れば七尺有余の仏像、手に珠を載せ厳然として立てるを見る。一生の最快事なりというべし。

今日、本像は春秋の二度開扉され、一般に公開されている。

法隆寺百済観音像《ほうりゅうじくだらかんのんぞう》

四

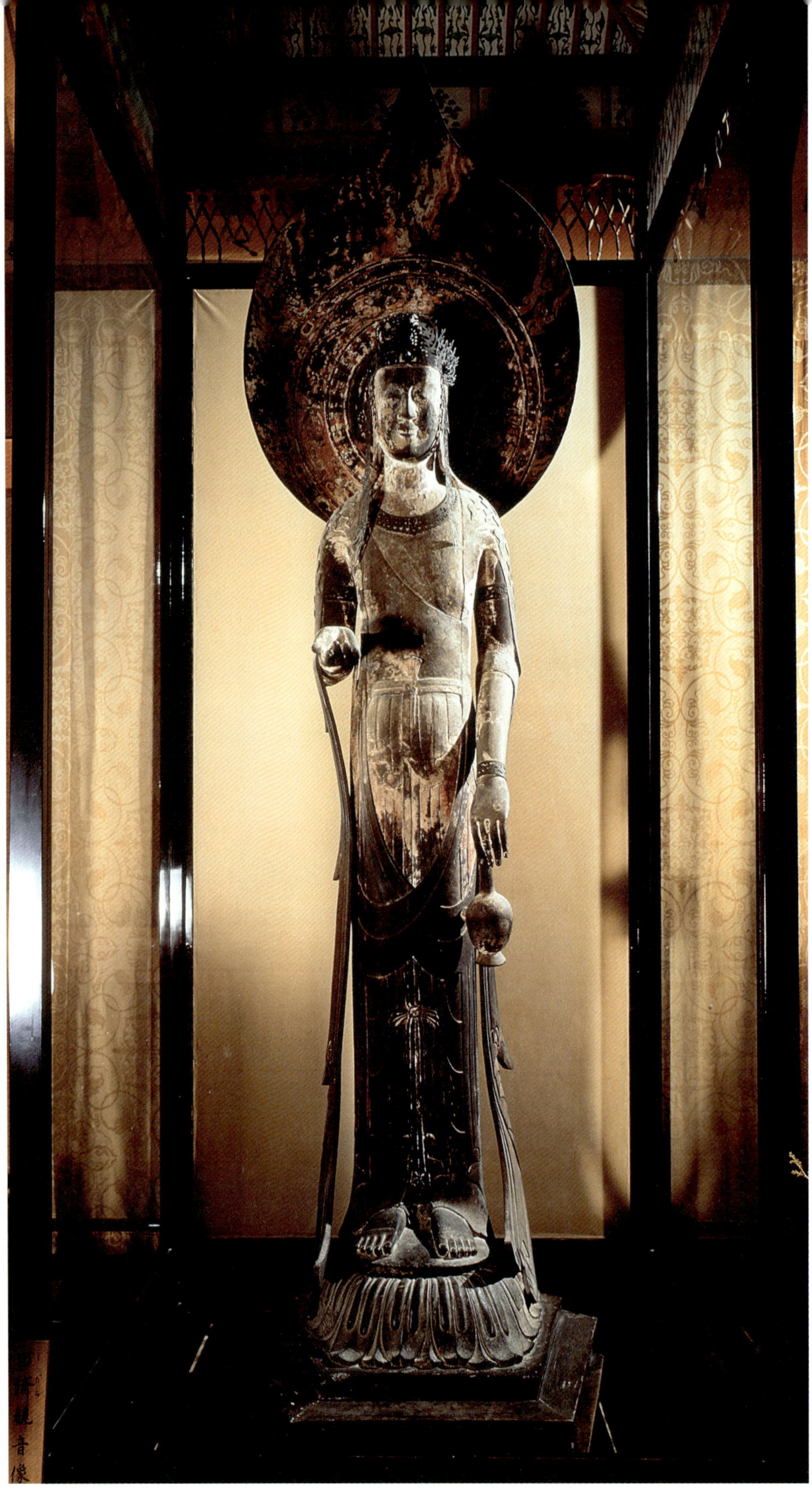

法隆寺大宝蔵院, 国宝, 木造・彩色, 像高209.0cm, 飛鳥時代

百済観音像の伝来とその名称

現在、像は法隆寺大宝蔵院の百済観音堂に安置されているが、昭和初期までは金堂《こんどう》内にあって、釈迦三尊像《しゃかさんぞん》の背面に祀られていた。本像がいつ頃から金堂に安置されるようになったのかは不明だが、その腕釧《わんせん》・臂釧《ひせん》は法隆寺に伝来した灌頂幡《かんじょうばん》と同じ金具を加工して用いており、当初から法隆寺周辺にあった可能性も高い。江戸時代・十七世紀末の記録に初めて本像と思われる記載があり、諸堂の仏像記録をまとめた書によれば、当時、本像は虚空蔵菩薩《こくぞうぼさつ》と呼ばれ、百済国からもたらされたとの記載が残る。明治になって宝冠が発見され、観音の標幟《ひょうじ》である阿弥陀如来《あみだにょらい》の化仏《けぶつ》が刻まれていたことから、「百済観音」の呼称で親しまれるようになった。

八頭身のスラリとした姿態をもち、どことなく異国情趣をただよわせるが、朝鮮半島からの渡来仏ではなく、材質・技法・造形感覚からみて飛鳥時代の日本でつくられたものと考えられている。ただし、この時期の文化の総体が、朝鮮を含む大陸文化の色濃い影響下にあったことはいうまでもない。

百済観音像の造形と技法

髪を双髻《そうけい》に結い、つぶらな眼差《まなざ》しと優しい口元を見せる長身の像。金堂釈迦三尊像や夢《ゆめ》殿《どの》救世《ぐぜ》観音像が、あくまで左右対称の正面観照性を強調するのに対し、こちらは両肩から肘を通ってたれる天衣《てんね》は、ゆるやかなカーブを描いて先端を前方に翻らせ、像の腕のかまえもゆったりとした動きを感じさせる。本像が、側面観照性を意識した造形とみなされる理由である。制作年代は、止利《とり》派の作品や救世観音像よりもくだる七世紀後半にかかると推察される。

頭部から足下の蓮肉《れんにく》までの中心部を樟《くすのき》材の一木《いちぼく》から彫り出し、体背に長方形の内刳《うちぐり》をほどこす。両手や水瓶《すいびょう》、天衣など材の木取《きど》りから出る箇所を部分的に矧《は》ぎ足している。さらに顔や体の表面に木屎漆《こくそうるし》(木粉《もくふん》と漆などを混ぜて練り合わせたもの)を薄く塗り、素地を整えると同時に肉身のふくらみを出し、全体に彩色して仕上げている。宝冠や胸飾・腕釧・臂釧などは銅製の透彫《すかしぼり》で、また水瓶は檜《ひのき》製で、この時期に特徴的な王子形《おうじがた》である。

台座・光背

台座は樟製、一五弁二段の反花座《かえりばなざ》で、反花から五角形の框《かまち》までを一材からつくり出す。光背《こうはい》は樟製、中心の蓮花や圏帯《けんたい》の紐を浮彫《うきぼり》するほか、文様の大部分は彩色によってあらわしている。文様はC字形の雲気《うんき》とパルメットの唐草《からくさ》が複合した雲気唐草文と呼ばれるものが主体となり、周縁部は火焔《かえん》状に変化している。この光背を支える柱は樟とは異なる針《しん》葉樹《ようじゅ》の材で、竹に似せて節や竹皮を彫り出す。支柱の下端部に折り重なる山岳文の浮彫も大きな特徴である。

百済観音の美

日本の仏像を、ギリシア・ローマの彫刻に対するのと同じ西洋的な感覚でながめ、また一個の芸術作品として位置づけた初期の人物に、和辻哲郎《わつじてつろう》がいる。一九一九(大正八)年に刊行された著書『古寺巡礼《こじじゅんれい》』で彼は、百済観音の美しさを次のように記している。

百済観音は確かにこの鋼の線条のような直線と、鋼の薄板を彎曲《わんきょく》させたような、硬く鋭い曲線とによって貫かれている。そこには簡潔と明晰とがある。同時に縹《ひょう》渺《びょう》とした含蓄がある。大ざっぱでありながら、微細な感覚を欠いているわけでもない。形の整合をひどく気にしながらも、形そのものの美を目指すというよりは、形によって暗示せられる或《ある》抽象的なものを目指している。(中略)あの円い清らかな腕や、楚々として濁りのない滑らかな胸の美しさは、人体の美に慣れた心の所産ではなく、初めて人間の体に底知れぬ美しさを見出した驚きの心の所産である。(中略)あの深淵のように凝止している生の美しさが、ただ技巧の拙なるによって生じたとは、僕には考えられぬ。

和辻三〇歳のときの文章である。

五

法隆寺玉虫厨子《ほうりゅうじたまむしのずし》

国宝，総高233.0㎝，飛鳥時代（7世紀）

厨子におさめられている観音像

玉虫厨子

厨子とは、仏像や経巻《きょうかん》をおさめるもので、正面に両開きの扉をつけるものが多い。玉虫厨子は、上半が厨子の本体で宮殿の形につくって内部に小形の本尊を安置し、下半はそれを支える台座からできている。制作年代には諸説あるが、おもに飛鳥《あすか》時代・七世紀前半と考えられている。総高は約二mで、宮殿部は法隆寺の金堂や中門より古様を示しており、柱や框《かまち》などに貼られた透彫《すかしぼり》金具や、台座の中心の須弥座《しゅみざ》部分四面に描かれた絵画も、奈良時代より古い様式を伝える。遺品が少ない飛鳥時代において、建築・絵画・工芸(木工・漆工・金工)など各種の、当時の技法を推測することのできる貴重な作品である。

厨子の外側には金銅透彫金具が貼られ、とくに宮殿部の透彫金具の下には、玉虫の羽が敷き並べられ、厨子の呼称の由来となった。

玉虫厨子の絵と彩色法

玉虫厨子には、宮殿部にも台座部にも表面に絵が描かれている。台座は、台脚の上に宣《せん》字形《じがた》須弥座が載り、須弥座中央の腰板部分の左右側面に本生図《ほんじょうず》(釈迦《しゃか》の前世の物語を描いた図)が描かれる。向かって右側面は、摩訶《まか》薩埵《さった》(Mahā-sattva)王子の捨身飼虎《しゃしんしこ》図、左側面は、雪山童子《せっせんどうじ》の施身聞偈《せしんもんげ》図である。正面には柄香炉《えごうろ》を手にして坐る僧を左右におき、中央に合子《ごうす》(蓋物《ふたもの》)を描いた供養図を、背面には海上に聳える須弥山《しゅみせん》を描く。宮殿部には、正面の扉に武装した二尊の天王立像《りゅうぞう》、左右両側の扉にはそれぞれ二菩薩《ぼさつ》立像、宮殿背面には釈迦如来にゆかりのある霊鷲山《りょうじゅせん》をあらわす図が、それぞれ描かれる。

本図に見られる須弥座正面の供養図は、合子の中身を宮殿部に安置された仏への供物とみて、この仏を礼拝供養する図と考える説や、中身を仏舎利《ぶっしゃり》とみて、舎利供養図と考える説がある。画面中央下辺に、獣脚《じゅうきゃく》がついたまるい台の中央からのびる唐草《からくさ》に支えられて、その上に蓮台《れんだい》に載った合子がある。その上方で、画面中央に獣脚のついた大きい香炉があり、その香炉に向かうように画面の左右の端から突き出た崖の上に一人ずつ僧が坐り、柄香炉をもって礼拝する。香炉の上方、画面上端には二体の飛天《ひてん》が花を載せた一個の器を捧げもって下方をながめ、画面左右下隅には、翼をもつ獅子が香炉を見上げる。飛天も僧も獅子も左右対称に整然と構成されており、本尊の真下の正面にふさわしい厳粛な画面となっている。

画面は、木地の上に透漆《すきうるし》を何度も塗り重ねた黒漆地である。その上に黄・緑・赤を巧みに配色して変化のある表現を試みている。絵具については、漆に顔料を加えた色漆を用いて描く漆絵とする説と、荏油《えのあぶら》などに顔料を混ぜて描いた油絵とする説がある。油絵の場合は、油に密陀僧《みつだそう》(酸化鉛)を入れて煮沸しておき、絵具が乾燥しやすい工夫をするので、これを密陀絵と呼んでいる。

宮殿部正面軒下透彫

宮殿建築の模型

玉虫厨子は、本体の大部分は檜造《ひのきづくり》で、全体が七個に分解できる。宮殿部は、頂上の切妻《きりづま》屋根の部分と基壇《きだん》、それ以外の軒廻りの四注《しちゅう》屋根を含む軸部との三個に分かれ、台座部は、上框《うわがまち》と下《した》框、箱形をした中央の腰の部分、台脚との四個に分かれる。宮殿部は単層入母屋造《いりもやづくり》で、錣葺《しころぶき》という形式の屋根(入母屋造の上方の切妻部分と、その下の四方に出た屋根の部分が段違いになっている形式)であること、屋根を支える雲形《くもがた》の斗栱《ときょう》が、桁行《けたゆき》の中間の二個も隅の斗栱に合わせるように壁から斜めに出ている点に特色がある。大棟《おおむね》の両端には金銅製の鴟尾《しび》(模作)を載せる。

宮殿の内部は、壁全体と扉の内側まで、四四六八体もの押出《おしだし》千体仏の金銅の板が貼られる。千体仏は五世紀頃には中国の雲崗《うんこう》石窟《せっくつ》や敦煌《とんこう》石窟にも表現されているので、玉虫厨子の場合もこの傾向を反映するものであろう。

◆ 捨身飼虎図

仏教では生きものの魂は不滅で，一つの生が終わると六つの世界(六道)のどれかに生まれかわると考えた。この図は，須弥座の向かって右側面のものである。釈迦が摩訶薩埵《まかさった》王子《おうじ》として生きていたときの話で，山中で餓死しそうな牝虎と７匹の仔を見て，崖上から虎の所へ身を投げて自分の身体を食べさせた王子の行為を描く。崖上・空中・崖下に王子の姿を時間を追って同一場面に描き並べる。これも異時同図法である。なお，この主題は敦煌《とんこう》壁画にも描かれている。

玉虫厨子に見る釈迦本生譚

◆ 本生譚

本生譚《ほんじょうたん》とは，釈迦《しゃか》の前世の物語であり，梵語《ぼんご》ではジャータカ(Jstaka)といわれる。古代インドの仏教説話で，釈迦がこの世で最高の果報たる仏果《ぶっか》(悟りのこと)を得たのは，過去に菩薩として多くの善行を果たしたためと説く。この本生譚のなかで，釈迦は前世において仙人・鬼神・象・猿・兎などに生を受け，布施・忍辱・捨身などの菩薩の修行を積んだ話が展開する。このような釈迦の前世因縁譚は，インドや西域，東南アジアなどの各地で受け入れられ，美術として表現されるとともに，仏教の布教と拡大に寄与した。日本では，玉虫厨子《たまむしのずし》に施身聞偈図《せしんもんげず》と捨身飼虎図《しゃしんしこ》が描かれるのが著名であるが，ほかに目立った作例は遺されていない。

◆ 施身聞偈図

この図は須弥座《しゅみざ》の向かって左側面のものである。釈迦が前世で，雪山で修行する婆羅門《ばらもん》僧であったときの話を描く。そのときの名を，雪山童子《せっせんどうじ》という。山中で「所行は無情なり，是れ生滅の法なり」という２句をとなえる羅刹《らせつ》(鬼)に会った雪山童子は，自分の身体を食べさせる約束をして，羅刹から「生滅滅し已りて，寂滅を楽と為す」という残る２句を聞き出す。後世のためにこの偈《げ》(４句の詩の形にまとめた仏教の教理)を岩に刻んだ童子は崖から空中に身を躍らすが，実は帝釈天《たいしゃくてん》であった羅刹は，本来の姿をあらわして虚空で童子を受けとめ，求道の熱意をたたえた。異時同図法《いじどうずほう》で表現されている。

広隆寺弥勒菩薩半跏思惟像(右)　国宝, 赤松製一木造・漆箔, 像高84.2cm, 飛鳥時代
中宮寺弥勒菩薩半跏思惟像(左)　国宝, 樟製寄木造・彩色, 像高87.0cm, 飛鳥時代

広隆寺弥勒菩薩半跏思惟像《こうりゅうじみろくぼさつはんかしゆいぞう》

中宮寺弥勒菩薩半跏思惟像《ちゅうぐうじみろくぼさつはんかしゆいぞう》

六

弥勒菩薩と半跏思惟像

まるい台座(これを榻座《とうざ》というのは誤り)に片足を踏み下げて坐り、片方の手の指を頬に寄せながら物思いにふける半跏思惟形の菩薩《ぼさつ》像は一般に弥勒菩薩と呼ばれることが多い。中国・朝鮮でも六〜七世紀に菩薩半跏思惟像はさかんに造像され、遺品も多数にのぼるが、それらのなかで弥勒菩薩と確定し得る例はまだ見出されていない。

日本では、銘文によって六六六(天智《てんじ》天皇五)年の制作とわかる大阪府野中寺《やちゅうじ》の金銅半跏思惟像の台座に「弥勒」と銘記されているので、七世紀後半頃、確かに半跏思惟像は弥勒菩薩として信仰されていたことが知られる。この野中寺像については刻銘や像自体を近代のものと疑う意見もあったが、近年の調査によって江戸時代以前より同寺に伝わったことが確かめられている。また、半跏思惟像が広隆寺や中宮寺など聖徳太子《しょうとくたいし》(厩戸王《うまやとおう》)と因縁の深い古寺に多く遺存している点は、太子信仰との関わりにおいて注目に値する。

広隆寺弥勒菩薩半跏思惟像

広隆寺は新羅《しらぎ》系渡来氏族の雄、秦《はた》氏の氏寺《うじでら》である。創建については諸説あるが、六〇三(推古《すいこ》天皇十一)年に秦河勝《かわかつ》が聖徳太子から仏像を与えられたことが発端となり、太子が亡くなった六二二年前後には伽藍《がらん》も整い、その供養がおこなわれたとみなされる。この間六一六年と六二三年の二回、新羅から仏像がもたらされ、広隆寺の前身である蜂岡寺《はちおかでら》におさめられたとも伝わる。

本像は、赤松材の一木造《いちぼくづくり》で内刳《うちぐり》をほどこし、古新羅の作風を示すソウル中央博物館蔵の金銅仏と酷似している。体背面と腰から下がる帯飾り(腰佩《ようはい》)は樟材製。現在は全面素地をあらわすが、左手の甲など部分的に木屎漆《こくそうるし》で形の調整をおこなったともされ、漆箔で仕上げられていた。

中宮寺弥勒菩薩半跏思惟像

中宮寺は聖徳太子が興した七寺の一つに数えられる。もともとは現在地の東方四〇〇〜五〇〇mのところにあり、金堂《こんどう》と塔が南北に一列に並ぶ四天王寺式の伽藍配置であった。

本像は寺伝では如意輪観音《にょいりんかんのん》と呼ばれている。樟材製で、頭部と体部・両腕・両脚・台座など細かな部位に分けて彫り出されたものを矧《は》ぎ合わせるという特殊な寄木《よせぎ》造法からなり、台座部分のみに内刳がほどこされる。元来は彩色像であり、別製の頭飾や胸飾・腹当てがつけられていた。宝珠《ほうじゅ》形の光背《こうはい》は本体と同じ樟材製、浮彫《うきぼり》彩色で、法隆寺百済《ほうりゅうじくだら》観音像のそれに近い。制作は七世紀後半にくだる可能性が高いが、慈悲の相を浮かべる柔和な表情や肩から胸にかけて厚味をもつ体など、中国南北朝様式の影響を受けた止利《とり》派の諸像とは異なり、隋〜初唐の様式からの影響を思わせる。

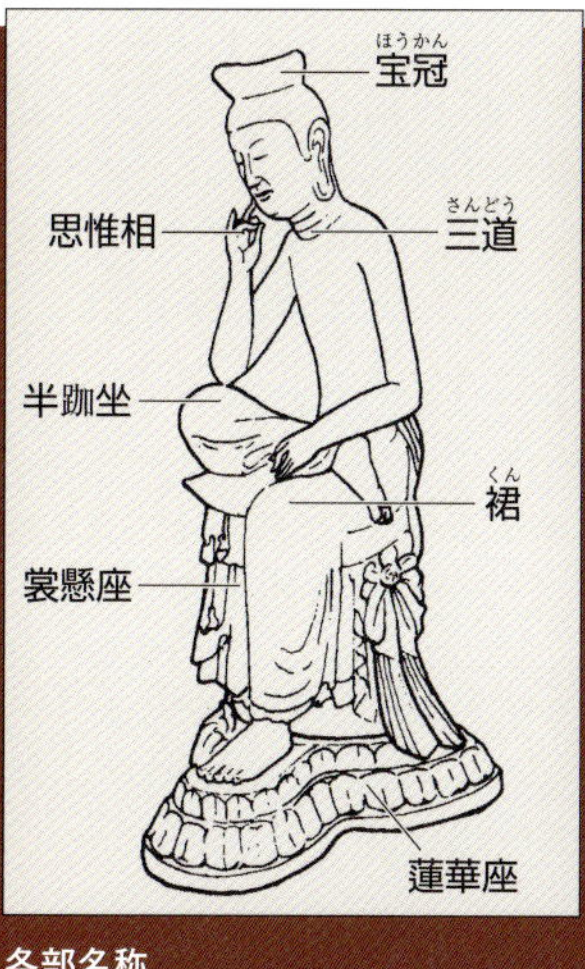

各部名称

弥勒菩薩と半跏思惟像

半跏思惟像は、釈迦《しゃか》が悟りを開く(成道《じょうどう》)以前の悉多太子《しったたいし》時代の根本性格である思惟苦悩の姿が形象化されたものと考えられ、インドや中国では初め、仏伝《ぶつでん》(釈迦の伝記)中の一場面にあらわされた。

一方、中国の六世紀後半頃には、弥勒菩薩が釈迦入滅後五六億七〇〇〇万年をへて天から地上におり、龍華樹《りゅうげじゅ》の下で説法をおこなって乱世の人々を救うという弥勒下生《げしょう》の信仰が隆盛し、これと並行して、独立した白大理石の半跏思惟像も多くつくられるようになるが、それらのなかに「龍樹思惟像」と刻銘されたものがあり、当時中国で、半跏思惟像が弥勒として信仰された可能性もある。

やがて悟りを開く悉多太子と、釈迦のあとを継ぐ当来仏《とうらいぶつ》としての弥勒とは、釈迦を介して性格的にも共通した点が認められ、これがのちの形態上の類似につながったとも考えられる。

中宮寺天寿国繍帳《ちゅうぐうじてんじゅこくしゅうちょう》

国宝, 絹地刺繡, 縦88.8cm・横82.7cm, 飛鳥時代(7世紀)

七

中宮寺天寿国繡帳

日本最古の刺繡作品であり、繡帳の断片に残る数個の亀の背の文字と、古い文献にある繡帳の由来書きの銘文とが一致することから、制作された動機・時期、制作の様子、制作者までも特定できる、極めて高い価値を備えた史料でもある。図様にまとまりがないのは断片を集めて一幀《ちょう》に貼り合わせたためで、原初の形や図様は明らかではない。

繡帳の由来

『上宮聖徳法王帝説《じょうぐうしょうとくほうおうていせつ》』に記載されたこの繡帳の銘文によると、六二二(推古《すいこ》天皇三十)年、聖徳太子(厩戸王《うまやとおう》)の逝去をいたんだ妃《きさき》の橘《たちばなの》大女郎《おおいらつめ》が、天皇に願って太子往生の天寿国のありさまを写したもので、制作にあたっては東漢《やまとのあやの》末賢《まけん》・高麗加西溢《こまのかせい》・漢奴加己利《あやのぬかこり》らが下絵を描き、椋部秦久麻《くらべのはたくま》を監督として采女《うねめ》ら女官によって二帳の繡帳が制作されたとある。

法王帝説にある銘文のうち、繡帳に現存する文字は二〇文字にすぎないが、四〇〇文字の銘文を四字ずつ区切ると、ちょうど亀の背に記された繡文四文字にあたる。このことから、もともとは四〇〇の文字が一〇〇匹の亀の背に繡《ぬ》いあらわされていたと推定され、繡帳自体もかなり大きなものであったと考えられている。さらに『聖誉抄《せいよしょう》』によれば、一二七四(文永《ぶんえい》十一)年、中宮寺の尼僧信如《しんによ》が法隆《ほうりゅう》寺《じ》の綱封蔵《こうふうぞう》でこの繡帳を発見し、譲り受け、そのくち果てた様を歎いて模本の制作を志し、一二七五(建治《けんじ》元)年に新繡模本を完成したという。その建治の新繡ものちに破損し、原本断片と合わせ、江戸時代に現状のように台布に貼られた。

繡帳各部の技術

繡帳各部を見ると、刺繡の台裂《だいぎれ》に紫羅《むらさきら》・紫綾《むらさきあや》・白平絹《しろへいけん》の三種を用いたものがまじっている(白色の顔面部はいずれも後補)。本図の上段右区を例にとれば、仏の横に拱手《きょうしゅ》して立つ人物と仏の左方の飛雲唐草《ひうんからくさ》、その下に座す一人物は羅地《らじ》、仏の左横の三坐像は平絹地《ひらぎぬじ》、右以外の部分は綾地《あやじ》である。

羅地部分は、①強撚糸《きょうねんし》の繡糸《しゅうし》を用いた返し繡《ぬい》で丹念に刺されており、繡糸の欠落や染色の褪色はほとんどない、②紋羅《もんら》は、飛鳥《あすか》・奈良《なら》時代の染織遺品中に類例が多いが、中世以降は日本で製織されていない、③運針《うんしん》がいかにも未熟であるなどの特徴から、この部分は飛鳥時代の原繡帳と考えられる。

褪色や脱落の顕著な綾地・平地の部分はともに繡糸の撚《より》が甘く、繡法も平繡のほか、朱《しゅ》子繡《しぬい》・暈繝繡《うんげんぬい》など羅地部分にない新しい手法や特徴から、鎌倉期の新繡とみられている。

これら技法や材質の分析に加え、四重客殿を中心に据えた浄土図、すなわち弥勒《みろく》の兜率《とそつ》天《てん》浄土をあらわすという主題の分析、聖徳太子を中央にその両脇に間人《はしうど》母后、橘大女郎を配したという亀甲銘文の配置など、原図の復元論は進展している。

天寿国繡帳に見るモチーフ

月兎

月のなかに兎がいるのは、月中の兎が薬壺で薬を搗《つ》くという中国の伝説に由来する。玉虫厨子《たまむしのずし》(法隆寺蔵)の背面の須弥山《しゅみせん》図の両足には、三足烏《さんぞくう》の日輪と蟾除《せんじょ》(ひきがえる)の月輪が描かれているが、中国古来の兎と蟾除の両系統の月輪が、すでに飛鳥時代に日本に流入されていたことになる。

鐘楼

この建築の屋根の葺《ふ》き方は錣葺《しころぶき》といわれ、玉虫厨子の宮殿部の屋根に見られ、法隆寺金堂《こんどう》の屋蓋《おくがい》より古い建築様式を示すものとされている。屋内に吊り下げられた鐘は小型で、鐘座の位置も高く、六朝時代の中国鐘と似通っており、錣葺とともに、この繡帳の制作年代を示している。

月兎

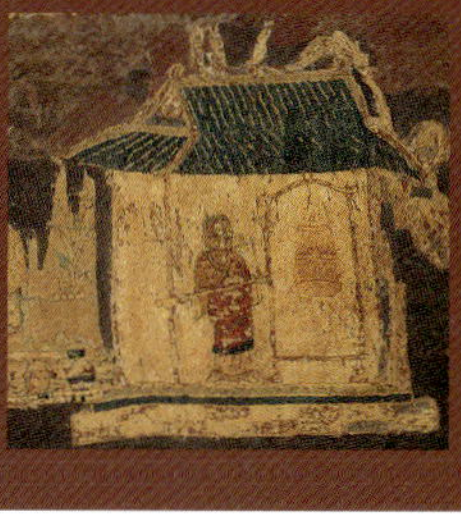
鐘楼

薬師寺東塔《やくしじとうとう》

奈良市西ノ京町，国宝，三間三重塔婆，毎重裳階付，本瓦葺，奈良時代(730年)

薬師寺全景

八

本薬師寺と平城薬師寺

薬師寺は天武《てんむ》天皇の発願《ほつがん》でつくられた勅願《ちょくがん》寺《じ》で、その遺志を皇后であった持統《じとう》天皇が受け継ぎ、六九八(文武《もんむ》天皇二)年にはほぼ堂塔の完成をみた。これが現在橿原《かしはら》市に遺跡を遺す本《もと》薬師寺である。

七一〇(和銅《わどう》三)年の平城《へいじょう》遷都にともない、飛鳥《あすか》や藤原京内にあった寺院は新京に移る。薬師寺も七一八(養老《ようろう》二)年に右京六条二坊の現在の場所に移った。

藤原京の本薬師寺と平城京の薬師寺とは、金堂と東西両塔の配置や規模が等しいことが、残存する遺跡から判明している。大きな違いは、本薬師寺では東塔の心礎《しんそ》に仏舎利《ぶっしゃり》を埋納する穴があり、平城薬師寺ではそれが西塔に変更されたという点である。平城薬師寺最古の建築、東塔は七三〇(天平《てんぴょう》二)年に造立されたとの記録がある。

初唐様式の建築

東塔は三重塔であるが、各重に裳階《もこし》をつけるので屋根が六重になるという特殊な形式をもっている。また、裳階をつけるために、各重の軸組は高く設計されていて、全体の高さは五重塔に匹敵する。金堂も二重の建築だった(現在の金堂は一九七六〈昭和五十一〉年に再建されたもの)が、各層に裳階があり、東西両塔とともに極めて装飾的である。裳階は太い柱を隠して穏やかな表情を醸し出すための方策である。後世には「竜宮造《りゅうぐうづくり》」と褒めたたえられた。東洋史家宮崎市定《いちさだ》は、唐というより宋の趣味に近い、と評している。

細部を見ると、組物は三手先《みてさき》で、軒は地垂《じだる》木《き》を円形、飛檐《ひえん》垂木を角形にした二軒になっている。このような形は、法隆寺《ほうりゅうじ》金堂の雲《くも》形肘木《がたひじき》・斗《と》を使う組物、直線の角垂木だけによる一軒のものとはまったく異なる。

しかし、少しあとの東大寺法華堂《とうだいじほっけどう》(三月堂《さんがつどう》、第十五図)や奈良時代後期の唐招提寺金堂《とうしょうだいじこんどう》(第二十二図)に比べると、構造的には未熟であり素朴である。三手先組物は前方へ突出するだけであり、それぞれが独立している。また軒天井《のきてんじょう》は側桁《がわけた》から丸桁《まるげた》までやや斜めに一面に張られている。尾《お》垂木をはじめ地垂木、飛檐垂木は直材でしかも太い。肘木も上面の笹繰りが大きく、下面には舌という突起がついている。舌は法隆寺西院建築と薬師寺東塔だけにあって、それ以後は消失する。

古式である法隆寺建築との違いから、七世紀後半に初唐の建築様式が日本にもたらされたものと推定されるのだが、初唐の組物は敦《とん》煌《こう》壁画の寺院建築図などによれば、最大で四《し》手先《てさき》があり、さらに尾垂木の先端はとがっている。唐様式をそのままではなく、選択的に導入したものらしい。

のちの修理で、裳階の窓が壁へと変更され、また三重の軒先も切り縮められている。一九八一(昭和五十六)年に再建された西塔は、東塔を詳細に調査して、その当初の姿の再現を試みたものである。

都城の寺

藤原京は、持統天皇が六九〇(持統天皇四)年頃から造営を開始し、六九四(持統天皇八)年に完成した。中国の都市制度、条《じょう》坊制《ぼうせい》を用いた都市である。京内の大寺院は、東南に大官大寺《だいかんだいじ》(百済大寺《くだらおおでら》・武市大寺《たけちだいじ》の由緒を引き継ぐ)、西南に薬師寺が配置されていた。

大寺院を二つ東西に配置するのは、中国の都市に倣ったもので、長安では東南に青龍寺、西南に西明寺がおかれていた。寺院は高層の塔をもち、遠くから望めるので、都市の景観要素として重要な意味をもっただろう。

平城京に遷都後も、同じ位置関係が維持され、東南に大安寺《だいあんじ》(大官大寺を改名)、西南に薬師寺をおいた。また、その後の平安京においては京内での寺院の建設が禁止されたのだが、国家管理の東西二寺のみが建立され、京の南端の東西に朱雀大路《すざくおおじ》をはさんで配置された。

薬師寺西塔　1981(昭和56)年再建

国宝, 銅造・鍍金, 像高(中尊)254.7cm, (左脇侍)317.3cm, (右脇侍)315.3cm, 白鳳時代(7世紀), 一説に天平時代(8世紀)

薬師寺金堂薬師三尊像《やくしじこんどうやくしさんぞんぞう》

薬師如来像宣字座　国宝

九

薬師如来像

ブロンズ(おもに銅と錫《すず》の合金)の鋳造で制作された丈六《じょうろく》の坐像で、今では光沢のある黒っぽい地肌を呈しているが、造像時は全身に鍍金《ときん》がほどこされていた。

宣字座《せんじざ》の前面に裳裾《もすそ》をたらして坐る姿には、各部の均衡が一分の隙もなく保たれ、面相や体軀のわずかな起伏、身にまとった薄手の大《だい》衣《え》の衣文《えもん》の表現など、すべての点で調和のとれた作品といえよう。このような的確な象形は優れた鋳造技法の裏づけがあって初めて可能であり、技法的にも上代の金銅仏のなかで抜群のできばえを示している。

制作年代については、白鳳《はくほう》説と天平《てんぴょう》説があり、白鳳説では六八八(持統《じとう》天皇二)年または六九七(持統天皇十一)年、天平説では養老《ようろう》年間(七一七〜七二四)頃の成立とする。いずれが妥当かは結論が出ていないが、その様式は中国初唐《しょとう》の七世紀後半〜末頃のものをあらわしている。

両脇侍像

薬師如来《にょらい》像の左右に侍立《じりつ》する日光《にっこう》・月光《がっこう》両菩薩《ぼさつ》像は、頭上に大型の宝髻《ほうけい》を結い、身には天衣《てんね》と裙《くん》をつけるのみで、三面頭飾《さんめんとうしょく》・胸飾り・瓔珞《ようらく》・臂釧《ひせん》(腕飾り)などで荘厳されている。とくに肩から腰へ斜めに掛ける瓔珞は「神《しん》線《せん》」と呼ばれ、インドの貴人の表象であった。それぞれ中尊寄りの脚に重心をかけて立脚し、左右対称のポーズにつくられている。

両像とも、その表情は額や頬から顎にかけて微妙に肉づけされ、しかも胸から腹にかけて裸身を強調した造形を示している。その頭をわずかに傾けて腰をひねった姿態(トリバンガ＝三屈法と呼ばれ、インドの舞踊の動きが源流)とともに、静かに安座する中尊像との間に微妙な変化をもたらしている。

金銅仏の鋳造技法(蠟型鋳造)

ブロンズ製の像に鍍金をほどこす金銅仏は、飛鳥《あすか》時代から天平時代にかけてもっとも多く見られ、蠟型《ろうがた》原型によってつくられる。その工程は、まず中央に鉄心を立て、これに土を盛って像の大体の形(中型)をつくる。この上に蜜蠟《みつろう》(蜜蜂の巣からとった蠟と松脂《まつやに》とを混練したもの)を使い、細部や微妙な起伏を塑形して原型が完成する。この原型に粒子の細かい土をかぶせて外型《そとい》(雌型)をつくる。こうしてできあがった鋳型に熱を加えて蠟を流し出し、さらに高温で焼き締めて、これに溶銅を流し込む。溶銅がすっかり凝結したあと、外側の鋳型を壊して像を取り出す。中型や鉄心を除去し、全体をタガネでたたき締め、細部を整形したり文様を刻んだりして仕上げ、よく磨成したあとに鍍金をほどこす。

この時代の金銅仏は銅の純度が高いため金がよく付着し、鍍金の色が極めて鮮やかである。

薬師如来像宣字座の浮彫

薬師如来像を安置する宣字座には葡萄唐《ぶどうから》草《くさ》や四神(高松塚《たかまつづか》古墳壁画〈第十二図〉)、鬼人などが浮彫《うきぼり》されており、その意匠はほかに例を見ない独特なものである。

鬼人は腰板の四面に、かぜかんむりに似た形の枠を設け、そのなかに二人ずつあらわす。枠は正面と背面は各二カ所、両側面は各一カ所、さらに正背面の中央には台座を支える鬼人が一人ずつ、計一四人の鬼人があらわされる。枠内の一二人は頭髪を縮毛とし、それぞれ牙《きば》をむき、褌《ふんどし》をつけるのみの姿、正背面中央の二人は鰭《ひれ》状の足をもつ。前者は「崑崙奴《こんろんど》」(中国に連れてこられた南洋の人々)の容貌であらわされた仏法の守護者としての羅刹《らせつ》鬼《き》、後者はインド起源の図像で『金光明経《こんこうみょうきょう》』に衆生の寿命を増長させると説かれる堅牢地神《けんろうじしん》をあらわすとの説がある。

四神は中国本来のもの、葡萄唐草の起源はペルシアに発する。このように台座浮彫の文様は、ペルシア・インドや南アジアなどの文化や美術が中国を通って日本へもたらされた経路を伝えていると同時に、インドで発祥した仏教がたどってきた伝来の道を物語っている。

塔の構造

塔はインドで誕生した。仏教を開いたブッダが卒去したとき，信者たちが荼毘《だび》に付し，遺骨(仏舎利《ぶっしゃり》)を８つに分けて各地にストゥーパを建てて安置したという。ストゥーパを音写した漢字が「卒塔婆《そとば》」であり，略して「塔婆」や「塔」と呼ばれた。球を半分に切って地上においた形で，塼《せん》を積み上げてつくった。頂部には傘蓋《さんがい》が載っていた。仏教が中国に伝わったとき，塔も建設されたようだが，当初の形は明確にはわからない。やがて中国の伝統建築である多重の望楼《ぼうろう》を塔の形に転用した。雲崗石窟《うんこうせっくつ》(山西省)にはこの頃の石造の層塔の形が刻み込まれている。日本には朝鮮半島を経由して伝わったようで，日本最初の本格的な寺院であった飛鳥寺《あすかでら》では伽藍《がらん》の中央に塔が聳《そび》えていた。現存建築でもっとも古いのは法隆寺《ほうりゅうじ》五重塔(７世紀後半)で，薬師寺《やくしじ》東塔(三重塔，730 年)がそれに続く。心礎《しんそ》の上面に穴をうがいて仏舎利を納置し，その上に長く太い心柱を立て，それを囲んで三重，五重の建物を建てた。頂部の相輪はインド以来の傘蓋を引き継いでいる。内部をつくったのは初重のみで，釈迦八相《はっそう》などの仏伝の場面を群像で構成していた。上層には上がることができなかったので，中国の塔とは趣を異にする。

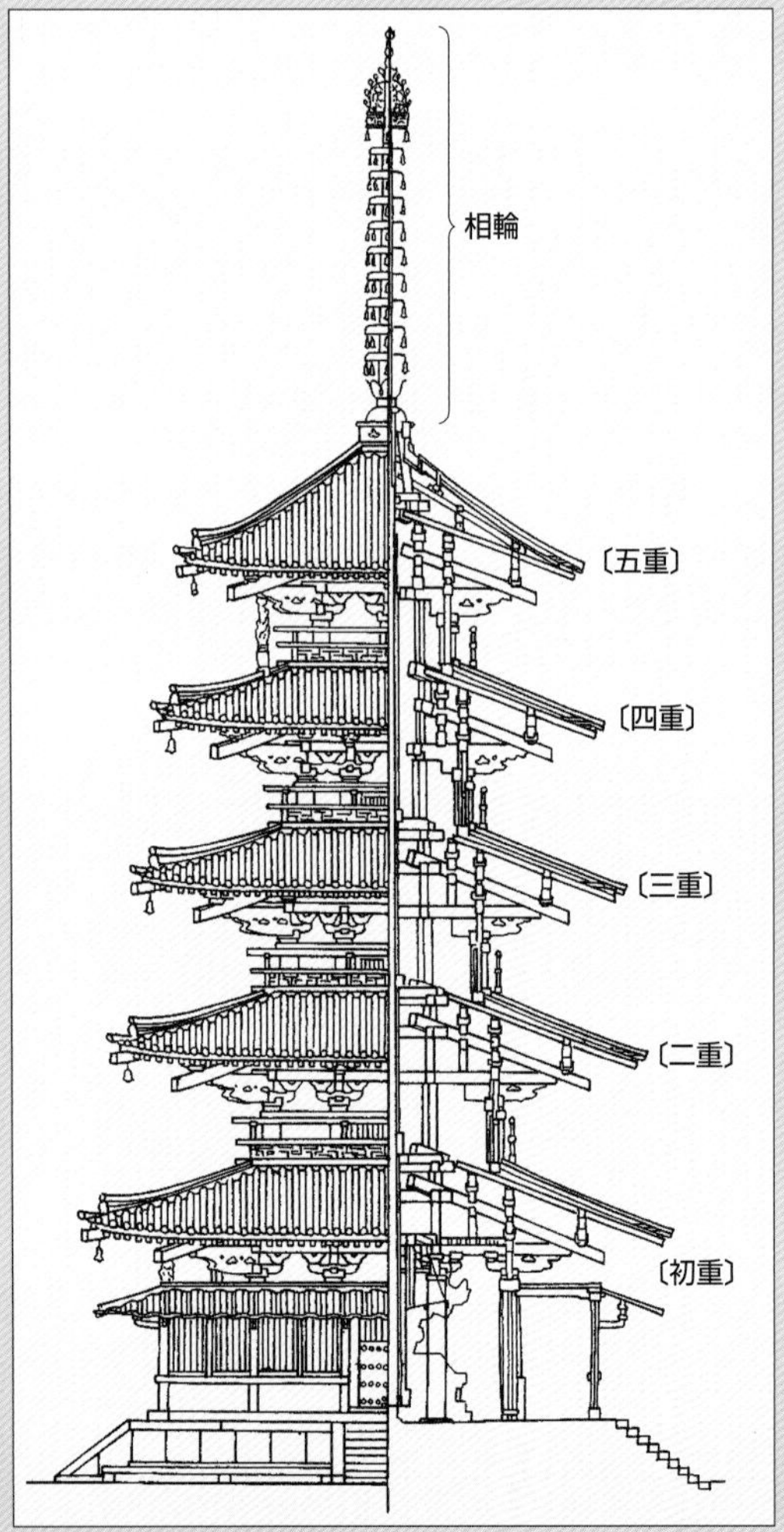

法隆寺五重塔立面・断面図

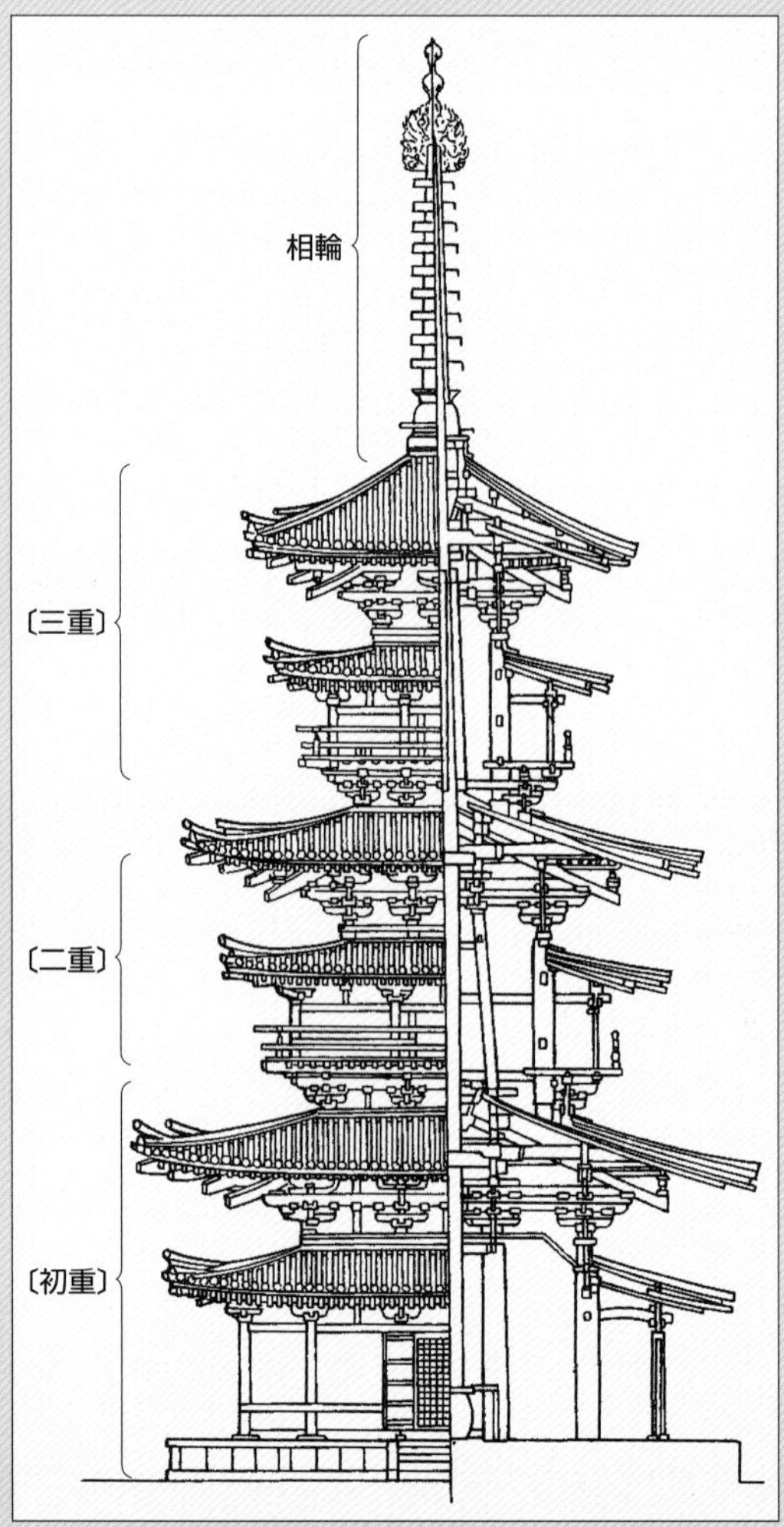

薬師寺東塔立面・断面図

仏像の種類

仏教で礼拝対象となる尊像《そんぞう》は，如来《にょらい》・菩薩《ぼさつ》・明王《みょうおう》・天《てん》という四種に大別される。厳密にいえばこのうちの如来だけが“仏《ほとけ》”と呼ばれるべきものであるが，一般にはこの四種を仏像と総称し，さらには羅漢《らかん》や各宗派の祖師《そし》までも仏像と呼んでいる場合がある。

●如来

如来とは“仏”の別名で，梵語《ぼんご》の「覚者《かくしゃ》」の意味である。仏教で崇拝の真の対象となるものであり，その数も多いが，通常礼拝されているのは，釈迦《しゃか》・阿弥陀《あみだ》・大日《だいにち》・薬師《やくし》の各如来である。最高の智の仏とされる大日如来(宝冠《ほうかん》をつけた菩薩形)を除くと如来はすべて出家の姿をあらわして，ただ法衣を身につけるだけで，ほかになんらの装身具をもつけていないが，手の印相《いんぞう》によって釈迦や阿弥陀などを区別する。

●菩薩

如来の弟子，もしくはその到達以前の段階として自らも悟り，衆生をも教化《きょうげ》救済《きゅうさい》するために道を求めて修行するのが菩薩である。独尊でも祀られるが，阿弥陀如来に属する観音《かんのん》・勢至《せいし》や，薬師如来に属する日光《にっこう》・月光《がっこう》，釈迦如来に属する文殊《もんじゅ》・普賢《ふげん》のごとく，如来に付属してあらわされることも多い。菩薩は通常温顔，上半身裸体で，下半身にスカートのような裙《くん》をつけ，宝冠・胸飾り・腕釧《わんせん》など豪華な装身具をつけている。観音菩薩はさまざまに姿を変えると信じられ，代表的な聖《しょう》観音・千手《せんじゅ》観音・馬《ば》頭《とう》観音・十一面観音・不空《ふくう》羂索《けんじゃく》観音・如意輪《にょいりん》観音を六観音といい，あるいはこれに准胝《じゅんでい》観音を加えて七観音ともいう。

●明王

明王は持明《じみょう》使者《ししゃ》といい，如来の真意を奉持して悪を破砕する使者を意味する。如来が温慈に法を説くのに対し，明王は温容では済度《さいど》しがたい剛情の輩を力で仏法に導く役割をもつのである。したがって，焔髪《えんぱつ》，瞋怒眼《しんぬがん》で，牙を剝《む》いた忿怒《ふんぬ》の形相で示される。上半身裸体で，菩薩の姿に準ずるが，装身具は簡単なものが多い。大日如来の使者で，のちに化身ともされた不動《ふどう》明王がもっとも著名である。

●天

仏教成立以前からインドにあったバラモン教や民間信仰の神々を仏教のなかに取り入れて，仏教守護の役目を課したものが天部の諸像である。これらの神々は山川草木鳥獣などの自然現象を神格化したものが多いために形も多種多様で，男・女・鳥獣・武将など諸種の姿で示されている。四天王・仁王《におう》・韋駄天《いだてん》・十二神将などがこれに属する。

●羅漢

羅漢とは尊敬を受けるに値する人の意味で，十六羅漢・五百羅漢などがあるが，ここでいう羅漢とは，これをはじめとして僧形をした像すべてを含めてのことである。したがって釈迦の十大弟子像や，高僧の像などもこれに含まれる。

三道……首の部分にある三つのふくらみ。二筋の線を横にいれる。仏堂の中には二道もある。

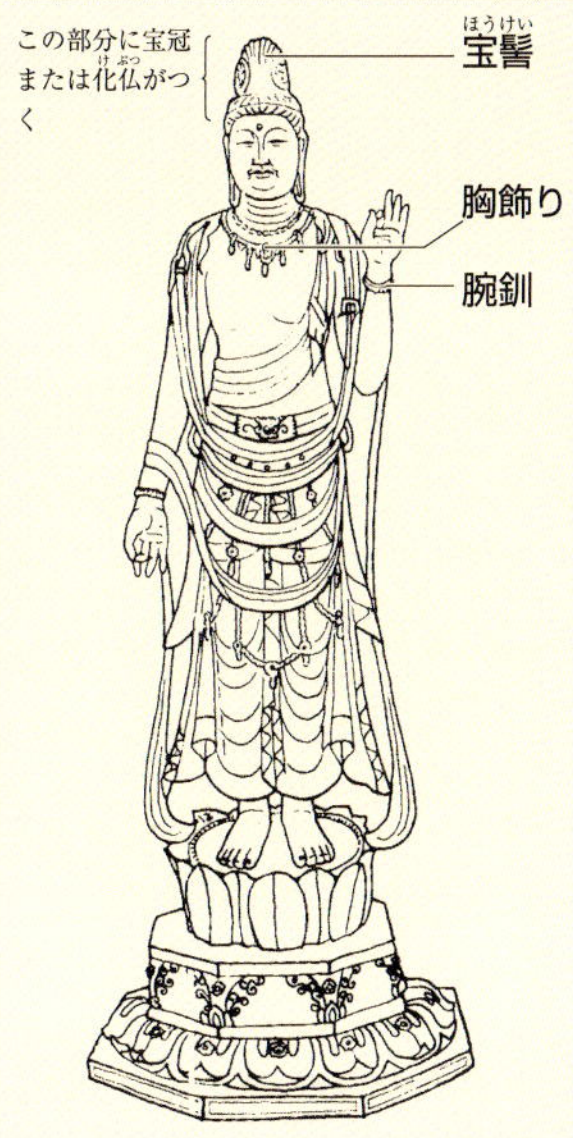

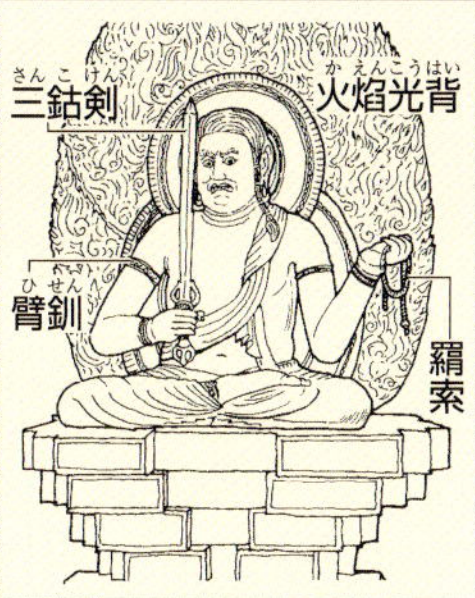

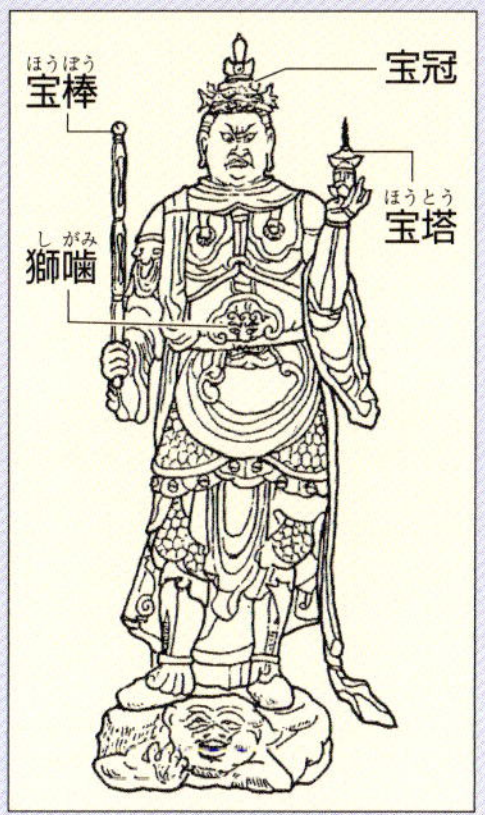

如来部(左，薬師寺金堂薬師如来像)
菩薩部(中，薬師寺東院堂聖観音像)
明王部(右上，東寺講堂不動明王像)
天部(右下，浄瑠璃寺毘沙門天像)

興福寺仏頭《こうふくじぶっとう》

興福寺国宝館, 国宝, 銅造・鍍金, 高さ98.3cm, 白鳳時代(685年)

十

仏頭の伝えられた歴史

山田寺の仏頭と呼ばれ、親しまれている如《にょ》来像《らいぞう》の頭部は、大化《たいか》の改新《かいしん》の功臣蘇我倉山田《そがのくらやまだの》石川麻呂《いしかわまろ》が建立した山田寺の像であり、以前は講堂《こうどう》の本尊と考えられていたが、近年、金《こん》堂《とう》の本尊釈迦《しゃか》如来像のものとの説が示され、賛同を得ている。大化の改新後右大臣にまで昇った石川麻呂は罪なくして反逆罪に問われ、山田寺で自殺した悲劇の政治家である。しかし冤罪《えんざい》であることがわかり、寺の造営が再開されて六七八(天武天皇七)年にこの像の造立が発願《ほつがん》され、彼の三七回忌にあたる六八五(天武《てんむ》天皇十四)年に完成した。山田寺は朝廷の庇護もあって飛鳥《あすか》地方の大寺の一つとして繁栄したが、平安時代の終わり頃には寺運も傾いていたようである。

この像は一一八〇(治承《じしょう》四)年に平重衡《たいらのしげひら》の南都焼打ちで焼失した興福寺東金堂《こうふくじとうこんどう》の再興に際し、本尊薬師《やくし》如来像として、脇侍《きょうじ》の二菩薩《ぼさつ》像(二体とも観音《かんのん》像)とともに一一八七(文治《ぶんち》三)年に山田寺から移された。その後一四一一(応永《おうえい》十八)年の五重塔の雷火で東金堂が類焼し、この像も堂と運命をともにしたといわれていた。ところが、一九三七(昭和十二)年に東金堂の修理がおこなわれ、このとき、現在の本尊の台座のなかから発見されたのがいま興福寺国宝館に展示されている仏頭で、応永の雷火の際、頭部のみがわずかに罹災をまぬがれたという。

仏頭について

現在、頭上は肉髻《にくけい》の正面を残して頂から後頭部にかけて大きく欠損し、下辺は正面で三道の下、背面で襟元までを残すのみであるが、頭部の大きさから丈六《じょうろく》像(一丈六尺の像、坐像のときは半分の八尺で像高二四〇cmほどの大きさ)であったことがわかる。左の側面に大きなくぼみがあり、頭部は全体にやや歪んでいるが、幸いなことに目鼻立ちがそのまま残っており、鍍金《ときん》も右こめかみあたりに確認される。

頭部全体を球形に近いかたまりとしてとらえ、飛鳥時代の彫刻のような面長なところはまったく姿を消し、立体化がさらに進んでいることがわかる。頬や顎、あるいは口元にかけて微妙に肉づけされ、その肌には張りつめたような質感が表出されている。眉と目が弧を描いて面部いっぱいに広がり、しかも眉から唇までの上下の間隔が詰まる丸顔の表情は、白鳳《はくほう》彫刻に特有の少年を思わせるものである。

当時の藤原京では大官大寺をはじめ諸大寺の本尊像が中国初唐《しょとう》や統一新羅《しらぎ》の彫刻様式の影響を受けて次々に造像された。しかし、それらの作品の多くは失われており、それだけにこの作品は白鳳時代に都でつくられた本格的な遺品として、彫刻史上重要な位置を占めている。

白鳳彫刻

天武・持統《じとう》両天皇の積極的な仏教政策によって中央での造仏活動がさかんになり、山田寺の仏頭のような若々しい生命感にあふれた作品がつくられた。また仏教の地方への伝播も促され、各地で多くの作品がつくられるようになったのもこの時代である。

興福寺国宝館

国重要文化財，縦313.0㎝・横267.0㎝，白鳳時代(7世紀末)

法隆寺金堂壁画 (六号壁阿弥陀浄土図)

ほうりゅうじこんどうへきが(ろくごうへきあみだじょうどず)

アジャンター石窟壁画
(第1窟，蓮華手観音菩薩)

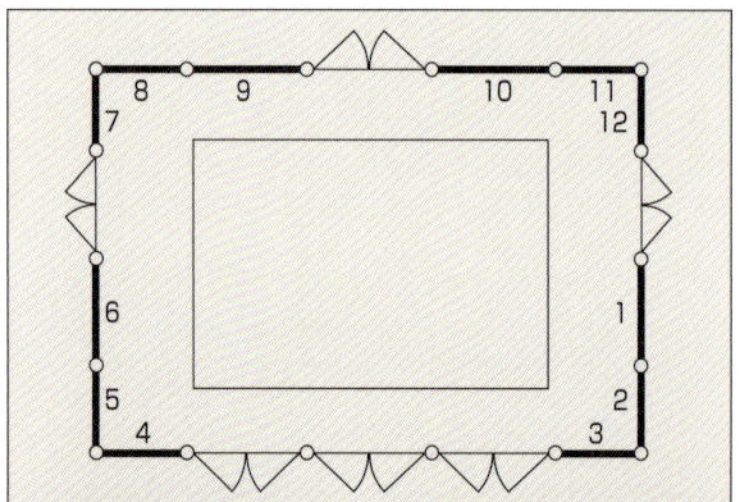

【壁画配置】

1 第一号壁(釈迦浄土図)	7 第 七 号壁(観音菩薩像)
2 第二号壁(菩薩半跏像)	8 第 八 号壁(文殊菩薩像)
3 第三号壁(観音菩薩像)	9 第 九 号壁(弥勒浄土図)
4 第四号壁(勢至菩薩像)	10 第 十 号壁(薬師浄土図)
5 第五号壁(菩薩半跏像)	11 第十一号壁(普賢菩薩像)
6 第六号壁(阿弥陀浄土図)	12 第十二号壁(十一面観音)

壁画配置図

十一

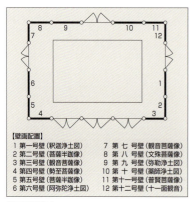

法隆寺金堂壁画

一九四九(昭和二十四)年一月に焼損した法隆寺金堂壁画は、七世紀末頃に描かれた優れた大作であった。配置図に見るように、四面の大壁(一、六、九、十号)と、四隅の柱をはさむ八面の小壁があり、それぞれ大壁には浄土《じょうど》図、小壁には菩薩像《ぼさつぞう》が描かれていた。七世紀頃、東アジアの仏教文化圏ではインドのアジャンター石窟《せっくつ》、中国の敦煌《とんこう》石窟など、内部壁面を絵画で埋めつくした石窟寺院が造営された。金堂壁画は、①尊像《そんぞう》の着衣形式や陰影表現がアジャンター壁画にも見られること、②力強い描線に代表される表現は中国初唐様式をもつこと、③金堂内の壁面を絵画で埋めていること、などから、これら石窟壁画の流れをくむものと考えられる。

六号壁画——阿弥陀浄土図

六号壁画は、阿弥陀浄土図とされるが、浄土図によく見られる浄土の建物などの景観を描くことはせず、浄土の中央にいる阿弥陀三尊を大きく描き出す。仏尊に焦点をしぼる形式は四大壁の浄土図に共通しており、とくに六号壁画は一二面の壁画中、白眉《はくび》のできばえといわれる。

三尊は、画面下方の池からのびる花葉形の蓮茎《れんけい》に支えられた蓮華座《れんげざ》に載る。如来《にょらい》には透明な頭光《ずこう》と身光《しんこう》があらわされ、それを通してみごとな装飾のある後屏《こうびょう》が見える。如来の頭上には華やかな垂飾をつけた天蓋《てんがい》がかかり、天蓋近くの虚空《こくう》には如来を供養すると思われる八体の菩薩が描かれる。

制作法と表現の技法

壁の表面に白土を数㎜の厚さに塗り、その上に絵を描く。画面には輪郭線にそって細い筋彫《すじぼり》をし、次に淡墨線で下描きの線が書かれる。その次に彩色がおこなわれ、さらに仕上げの輪郭線が彩色の上に引かれて絵が完成する。顔料の色数は、白と黒を除くと赤・黄・緑・青と少ないにもかかわらず、これらを巧みに配置して華やかな画面をつくり出している。また、輪郭線にそって色を濃く塗り(暈《くま》どり)、陰影表現を用いて立体感を出す。如来や菩薩の肉身線はすべて鉄線描《てっせんびょう》といわれる赤色(朱)で引かれる。強い性質の描線で、西域をへて中国から伝えられたものである。

装飾文様

六号壁画の如来の後屏に描かれた、連珠文《れんじゅもん》をめぐらした複弁蓮華丸文《ふくべんれんげまるもん》(ローゼット)は京都の勧修寺《かじゅうじ》旧蔵の刺繡釈迦如来説法図(国宝)の文様と酷似しており、金堂壁画が奈良時代近くに制作されたことを示唆している。また、菩薩の着衣に見られる絣《かすり》・格子《こうし》・縞《しま》の文様はアジャンター壁画にも多用されている。さらに脇侍《きょうじ》菩薩の腰衣《こしごろも》に見える木瓜華文《もっこうかもん》は、当時唐代の錦に用いられる。金堂壁画には、当時の仏教文化圏の趣向が色濃く反映しているといえよう。

法隆寺金堂壁画焼損と文化財保護法

法隆寺の金堂壁画は、金堂解体修理中の一九四九(昭和二十四)年一月二十六日、壁画模写作業中の失火により、当時取りはずされていた内陣小壁の飛天《ひてん》図を除き、その大半が焼損した。焼損後の壁画は法隆寺大宝蔵殿横の収蔵庫に保管されている。

この事件を契機に、文化財保護の体制整備を求める世論が高まり、一九五〇(昭和二十五)年五月三十日に文化財保護法が制定された。この法律では、文化財を国民の共有財産とし、「国民の文化的向上と世界文化の進歩のため」に、それを保存・活用することがうたわれている。

なお、一九五五(昭和三十)年には、文化財保護委員会(現在の文化庁)と国家消防本部(現在の消防庁)が一月二十六日を「文化財防火デー」と定め、全国的な文化財防火運動を展開し、文化財愛護の意識高揚をはかっている。

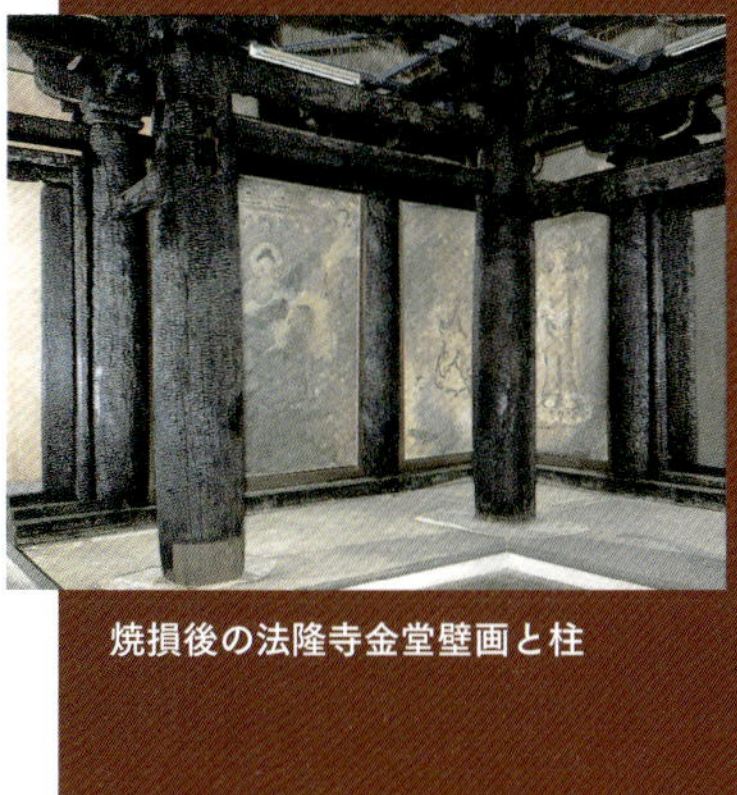

焼損後の法隆寺金堂壁画と柱

高松塚古墳壁画《たかまつづかこふんへきが》

十二

明日香村教育委員会, 国宝, 白鳳時代
上は女性群像, 下段左から男性群像・青龍・玄武

高松塚古墳壁画の主題と構成

本図は、奈良県高市《たかいち》郡明日香《あすか》村にある高松塚古墳の、石槨《せきかく》内部に描かれた壁画である。壁画の制作年代は七〇〇年前後(白鳳《はくほう》時代)と推測され、威儀を整えて貴人に従う男女の図様は、白鳳時代頃の宮廷人の風俗の一端を知る手がかりでもある。

石槨は南北に細長く、壁画は石槨内の四《し》周《しゅう》の壁と天井とに描かれている。凝灰岩《ぎょうかいがん》の切《きり》石《いし》で築かれた壁面に良質の漆喰《しっくい》を薄く塗って白壁とし、その上に、星宿《せいしゅく》・日・月・四神《しじん》・人物群像を描いている。星宿は天井中央に二十八宿が配され、日輪は東壁上方、月輪は西壁上方に、四神は四方の壁の中央に描かれる。人物群像は東壁と西壁に八人ずつ描かれており、東西両壁に描かれる青龍《せいりゅう》・白虎《びゃっこ》と人物群像は、いずれも南方へ進む姿勢をとっている。両壁とも南方に、先頭に立つ男性四人の群像が描かれ、青龍と白虎とをはさんで、その後方すなわち北方に、南方に向かう女性四人の一群が描かれる。

西壁女性群像

西壁女性群像は、壁画のなかでもっとも損傷が少なく、人物の絶妙な配置による巧みな奥行表現は、高句麗《こうくり》古墳壁画には見られない高松塚古墳壁画独特のものである。

本図に見える団扇《うちわ》や如意《にょい》、東壁の女性の持物にもある払子《ほっす》は、唐《とう》の永泰公主墓《えいたいこうしゅぼ》壁画(七〇六)の侍者にも描かれており、男性群像に見られる胡床《こしょう》や蓋《かさ》、太刀《たち》の袋など、高松塚古墳壁画の人物群像は、威儀を正して貴人に供奉する様を表現したと考えられる。唐代の壁画古墳の影響が高松塚にもおよんでいることは明らかであるが、高松塚古墳壁画の人物像の服装は、大陸の古墳壁画の人物の服装とは必ずしも一致せず、むしろ日本における当時の服装を写したものと推測される。

また、本図の女性群像に見られる明るい彩色も、高松塚古墳壁画の特色の一つである。淡緑の団扇を先頭に黄・淡い赤紫・赤・淡緑と並ぶ女性の上衣《うわぎぬ》には暖か味のある微妙な配色がほどこされ、赤色の上衣の女性は、下描きの墨線《すみせん》の上を濃い赤で塗り重ねており、一種の陰影表現が用いられるなど、本格的な表現技法が駆使されている。顔や手などに見られる仕上げの描起《かきおこ》し墨線は強くしなやかで、優れた画師《えし》によって描かれたことがわかる。

四神・星宿・日・月

四神は、陰陽思想とともに起こったもので、四方の方位を守る神である。高松塚古墳壁画の四神には唐代の四神に近い表現が見られる。なお、薬師寺金堂本尊の台座にある青龍・白虎の浮彫と極似している。

天井と東西の壁の上辺に整然と配列構成して描かれている星宿・日・月も、中国では古くから墳墓《ふんぼ》に見られるモチーフである。いずれも天地の運行の様子をうかがうもので、古代では政治の指標であった。

高松塚古墳壁画の発見

一九七二(昭和四十七)年三月、発掘調査の際に盗掘口が発掘されたのをきっかけに、石槨内に極彩色の壁画が発見された。石室内に本格的な人物図が描かれている古墳は、一例も見つかっていなかった(現在もない)ことと、高い技法をもって描かれていることから、高松塚古墳壁画発見のニュースは、日本国中に大きな話題を提供し、文化財保護への関心を盛りあげた。

盗掘口からは長い間に土砂が入り、南壁を埋めていた。また、盗掘者の仕業なのか、被葬者の頭部の骨や太刀の刀身が失われており、日輪・月輪・四神の顔などが、画面を削るように傷つけられていることなど、謎も多い。

壁画はカビなどによる劣化が進んだため、石槨全体が解体され、恒久保存のための修復作業がおこなわれている。

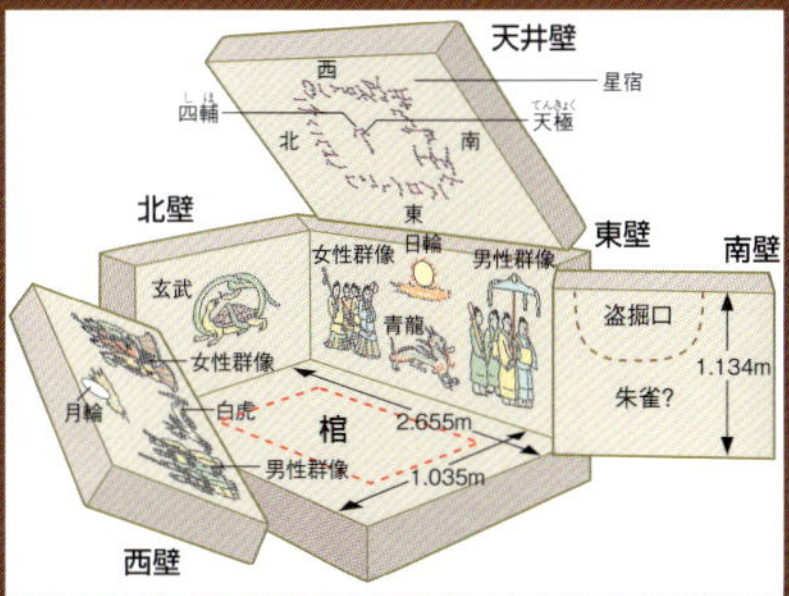

高松塚古墳石槨内部

興福寺阿修羅像《こうふくじあしゅらぞう》

十二

興福寺国宝館，国宝，脱活乾漆造・漆箔・彩色，像高153.0cm，天平時代（734年），将軍万福作

興福寺西金堂と阿修羅像

興福寺西金堂《さいこんどう》は、橘《たちばな》夫人三千代《みちよ》(藤原不比等《ふひと》の夫人)追善供養のために娘の光明《こうみょう》皇后が発願《ほつがん》して七三六(天平《てんぴょう》八)年に建立された。たびたび火災に遭い、一七一七(享保《きょうほう》二)年に焼失し、基壇《きだん》を残すのみとなった。規模は、現存する東金堂とほぼ同じで、寄棟造《よせむねづくり》であったと考えられている。

阿修羅像は、西金堂の本尊釈迦如来《しゃかにょらい》の周囲に眷属《けんぞく》として配された八部衆《はちぶしゅう》のなかの一体で、堂創建時には造立安置されていたと考えられる。八部衆とは古代インドの異教の神々が仏教に取り入れられ、仏法の守護神として再構成されたものである。経典《きょうてん》では阿修羅のほか、天・龍・夜叉《やしゃ》・乾闥婆《けんだつば》・迦楼羅《かるら》・緊那羅《きんなら》・摩睺羅伽《まこらか》などをあげているが、その名称の組み合わせについては諸説ある。

八体すべてが遺存する興福寺八部衆の場合も、三面六臂《さんめんろっぴ》の本像や鳥頭の迦楼羅、獅子冠をかぶる乾闥婆、一角を有する緊那羅など、特徴の明らかなものを除き、確かな名称を確定することは難しい。

阿修羅は、バラモン教では天上の神々と争う悪神とみなされており、仏教の護法神《ごほうじん》としてのあり方ともあわせ、その二面的な性格が一つの特徴ともなっている。興福寺に現存する華原磬《かげんけい》(興福寺蔵の鋳銅製の金鼓《こんく》)などから西金堂諸尊は『金光明最勝王経《こんこうみょうさいしょうおうきょう》』にもとづく造像とみられるが、この経典が懺悔《ざんげ》による滅《めっ》罪《ざい》を説くことから、阿修羅像の微妙な表情も懺悔する様をあらわしたものとする説がある。

制作の技法

本像は、塑土《そど》でつくった原型に数枚の麻布を貼り重ね、乾燥後に塑土を除いて仕上げをほどこす脱活乾漆造《だっかつかんしつ》である。体内には原型制作の際の心木《しんぎ》が残され、また要所に歪みを防止するための木枠が設けられて像を堅固に保持している。表面の細かなモデリングは木屎《こくそ》漆《うるし》を用いておこなっている。現在の彩色は鎌倉時代頃の補彩とされるが、当初も肉身赤色、赤髪の像であったと考えられる。台座は木製の洲浜《すはま》座《ざ》で、部分的に木屎漆を盛って波紋をあらわしている。

やや眉をひそめつつ両眼を見開き正面を直視する顔容、そして細身で引き締まった体軀など、本像の表現は、あくまで少年の至純な、ある種の迷いをも払拭せんとするかのような凛々しさに満ちている。一方、体に対して小さめな顔立ちや細長い腕のさばきには、三面六臂の異相の形態をバランス良く保とうとする作者の細やかな配慮が感じられる。このことは像全体の静かな雰囲気とあいまって、写実を基礎としながらもそこにとどまらず、一つの理想的なまとまりを追求する天平彫刻の真髄を示している。

なお、現存する八部衆像や十大弟子像の表情には共通する哀しさのようなものもうかがえ、そこに光明皇后の気持ちをくむ仏師の優れた感情表現を見ることもできる。

西金堂の造仏

興福寺西金堂の堂内には阿修羅像のほか、本尊の丈六《じょうろく》釈迦三尊《さんぞん》像をはじめとする計二八体の仏像が安置され、一つのまとまった空間表現として、釈迦浄土の群像構成が実現していたといわれる。

この西金堂の造仏については、『正倉院《しょうそういん》文書《もんじょ》』内に同時期の史料が残っており、作業の責任者や使用材料などかなりの程度まで実態を知ることができる。そのなかに仏師将軍万福《しょうぐんまんぷく》の名前が見えるが、彼が天平時代前半期における一流の仏師であったことは間違いない。

一方、材料としては漆が「二〇石《こく》九斗《と》一升《しょう》」も用いられている。これはそのほかの使用材料も考え合わせて、諸像がすべて脱活乾漆造で制作された事実を物語る。

また当時、漆の価格は米の約二〇倍以上にも達しており、費用も厖大であったことがうかがえる。

幾度かの火災のうち、一一八〇(治承《じしょう》四)年の平氏による南都焼打ちでは本尊である釈迦三尊像以下多くの像が灰燼《かいじん》に帰している。しかし八部衆像と十大弟子像は、損傷を受けながらも被災をまぬがれ、今日まで遺存しているのは実に幸運なことといえよう。

十四

東大寺盧舎那大仏《とうだいじるしゃなだいぶつ》

東大寺金堂(大仏殿), 国宝, 銅造・鍍金, 像高1498.0㎝, 天平時代(8世紀), ただし大部分は江戸時代(17世紀)

奈良の大仏

「奈良の大仏」として親しまれている東大寺金堂《こんどう》（大仏殿）の本尊《ほんぞん》盧舎那仏坐像である。この像は像高一五mに近く、国内最大級の彫刻作品として知られており、当時の国家が総力をあげて造立した日本彫刻史上の頂点に位置する作品であったに違いない。しかし、再度の戦火で大きな損傷をこうむり、現在の大仏はその大半が一六九〇（元禄《げんろく》三）年から翌年にかけての補修によるもので、下半身や台座の一部に造立時の面影をとどめているにすぎない。

七四三（天平《てんぴょう》十五）年十月十五日、聖武《しょうむ》天皇によって大仏造立の詔《みことのり》が発せられた。天皇が河内《かわち》の知識寺《ちしきじ》の大仏を拝したのが直接の動機であったといわれているが、唐《とう》から帰国した僧たちの仏教教学や知識にあずかるところが大きかったと考えられる。最初に大仏が起工されたのは近江紫香楽《おうみしがらき》の地であった。詔が発せられた翌年には大仏の骨柱が建てられ、天皇自らもその縄を引いたと伝えられ、工事も軌道に乗ったかにみえたが、この年から翌年にかけて不審な山火事や地震が続発し、工事は一年八カ月で中止された。この間、都は恭仁《くに》・難波《なにわ》と転々とし、七四五（天平十七）年にはふたたび平城京《へいじょうきょう》へ戻り、大仏造立も平城京の金光明寺《こんこうみょうじ》（現在の東大寺）の寺域で再開された。造仏長官として総指揮を執ったのは国中公麻呂《くになかのきみまろ》である。まず巨大な土型の原型が制作され、仏身の鋳造は下方から八段に分けて順次鋳継いで積み重ねるようにしておこなわれ、三年の歳月を要して終了したといわれている。

七五二（天平勝宝《しょうほう》四）年、陸奥国《むつ》から貢上された黄金で鍍金《ときん》が始められ、日本への仏教伝来（五五二年）から二〇〇年目の同年四月九日に、開眼《かいげん》（仏像の瞳を墨で描いて像の完成を示すこと）の供養が盛大におこなわれた。上皇・天皇をはじめ文武百官が臨席し、一万人の僧を招いたといわれ、インドや中国の僧も参加している。この法会に用いられた仏具・幡《ばん》・伎楽《ぎがく》の仮面や衣裳などは、正倉院《しょうそういん》や東大寺に伝えられていて、往時の盛儀の様を偲ぶことができる。

その後も大仏造立の工事は進められ、七五七（天平宝字《ほうじ》元）年頃には鍍金や台座の鋳造もほぼ完了し、約一一年の歳月を費やして大容が完成した。大仏鋳造に要した銅は現在の重さに換算して四九二t、錫は八・四tと伝えられ、まさに天下の富勢を傾けての大事業であったといえる。天平造立時の大仏は、盛唐期の中国の彫刻様式に大きく影響され、当時の技術を駆使して制作されたものである。当時の姿は、台座蓮弁《れんべん》に刻まれた蓮華蔵《れんげぞう》世界図の如来《にょらい》像や、大きさの点で開きがあるが、東大寺に伝わる誕生仏などから、想像するしかない。

盧舎那仏

太陽神をもとにして考えだされた如来で、地球上に出現した釈迦《しゃか》如来は仏の仮《かり》の姿であり、その本身として全宇宙に遍満《へんまん》するのがこの如来である。従来は『華厳経《けごんきょう》』や『梵網《ぼんもう》経』『大智度論《だいちどろん》』などの折衷《せっちゅう》による思想との意見が有力であったが、近年では旧約の六〇巻本の『華厳経』と法蔵が著した『華厳経探玄記《たんげんき》』にもとづくとの説が提示されて支持を得ている。大仏の台座に刻まれた図様も、これらの経典に記される蓮華蔵世界（理想的仏国土）を描いたものである。なお、密教の最高の如来である大日《だいにち》如来は盧舎那仏をさらに展開させたものである。

大仏蓮弁線刻図様写し

奈良市雑司町，国宝，正面五間・側面八間，前部入母屋造・後部寄棟造，本瓦葺，奈良時代（740年頃），右側が礼堂

東大寺法華堂（三月堂）

とうだいじほっけどう（さんがつどう）

二月堂　国宝

十五

良弁と法華堂

東大寺は聖武《しょうむ》天皇が発願《ほつがん》した、一六丈の大仏毘盧舎那仏《びるしゃなぶつ》を本尊とする寺院であり、七五二(天平勝宝《てんぴょうしょうほう》四)年に開眼供養された。この後、一一八〇(治承《じしょう》四)年、一五六七(永禄《えいろく》十)年の二度にわたって兵火のために被災したが、そのたびに復興されて、現在も「奈良の大仏」としてよく知られている。

法華堂は大仏殿の東側の少し高いところにあって、その北には「お水取り」で名高い二月堂と一群の建物がある。三月堂の名称は、法華会を旧暦三月に修することからの俗称であって、本尊不空羂索観音《ふくうけんじゃくかんのん》にちなむ「羂索堂」の名が七五六(天平勝宝八)年の「東大寺山堺《さんかい》四至図《しいしず》」に書き込まれている。

東大寺成立以前には、平城京《へいじょうきょう》東の連山の中腹にいくつもの小寺院があったようで遺跡もいくつか残っている。『東大寺要録』によれば、僧良弁《ろうべん》が七三三(天平五)年に建立し、七四〇(天平十二)年に初めて華厳経《けごんきょう》を講じ、七四六(天平十八)年からは法華会を修したので、法華堂と呼ばれるようになったとする。使用された瓦からは、七四〇〜七四三(天平十二〜十五)年に造営された恭仁京《くにきょう》と同じ瓦が使われているので、法華堂もこの頃の創建と推定されている。

いずれにしても、法華堂は東大寺大仏開眼以前から存在し、山中であったので二度の兵火からも逃れて現存する、東大寺内でもっとも古い建築なのである。

正堂と礼堂

法華堂は現在正面五間・奥行八間で、奥行の深い建築となっている。北側の奥行四間分が寄棟造《よせむねづくり》の屋根をもつ奈良時代創建の仏堂(正堂という)であり、その前方に入母屋《いりもや》造の礼堂《らいどう》がおかれ、棟は丁字となるように接続されている。よく見ると礼堂は側面が二間で、正堂と礼堂の軒先が中央で谷をつくる下に柱が立っていて、中央の二間分は双方の軒下を利用する相の間となっている。これはもともと正堂に対し、その前に細殿《ほそどの》をおいて一体の建築として使うために雨樋《あまどい》を設けたときの名残りである。

奈良時代の建築技術では、建築に大きな奥行がつくることができなかったので、その解決策として同幅の建築を前方に接しておくことがあった。この形式を双堂《ならびどう》と呼ぶ。法華堂においては、もともとこの形式であったようだが、鎌倉時代に礼堂を建て替えたとき、屋根を大きく架けて現在のように連続させたのである。

奈良時代では、寺院の中心であった金堂は、文字通り仏のための専用建築であり、内部は仏の浄土を表現していたと思われる。

小規模な寺院や大寺院の子院においては講堂や食堂《じきどう》が設けられずに、細殿が仏堂の前面におかれたことが散見されるので、講堂・食堂を会場としていた法会や作法などが、ここで実施されたのではないかと推定される。

天平様式の正堂

東大寺法華堂の正堂は桁行《けたゆき》五間・奥行四間で、身舎《もや》の三間×二間を高い仏壇につくり、周囲の庇《ひさし》部分は土間となっている。しかし創建当初には堂内は板敷であり、仏壇は今の剣巴文《けんどもえもん》を飾る上框《うわがまち》の高さだけが上がった低いものであった。板敷の仏堂の出現は、平安時代初期から増加するのであって、この堂はもっとも早い例である。

組物の細部は天平様式の典型といって良い。組物は出組で、軒を角垂木の二軒とし、内部は周囲の庇を化粧屋根裏、身舎は大虹《だいこう》梁《りょう》をわたしその上に折上組入天井《おりあげぐみいりてんじょう》とする。柱の上部はまるい面をとって大斗《だいと》を大きく見せ、組物の肘木《ひじき》には笹繰りあって、緩やかな印象を与えるのは、天平時代初期の特徴である。身舎柱の上の組物の実肘木に繰形があるのは珍しく、ほかには法隆寺夢殿にしか見られない。身舎の天井には各間の中央に光明と鏡をつけた蓮華形の装飾を取りつける。古文書に「倒蓮華《さかれんげ》」と記されるもので、折り上げた身舎の天井の全体を天蓋《てんがい》とみなし、仏像の頭上をさらに飾った荘厳具である。

法華堂西の間の天蓋
国重要文化財

東大寺不空羂索観音像《とうだいじふくうけんじゃくかんのんぞう》

十六

東大寺法華堂, 国宝, 脱活乾漆造・漆箔, 像高361.0cm, 天平時代

伝日光菩薩像(上)**・月光菩薩像**(下)
東大寺ミュージアム, 国宝, 塑造・彩色, 像高(日光菩薩像)206.0cm, (月光菩薩像)207.0cm, 天平時代(8世紀)

不空羂索観音像

法隆寺金堂《ほうりゅうじこんどう》が飛鳥《あすか》彫刻の宝庫と呼ばれるように、東大寺法華堂《ほっけどう》(三月堂《さんがつどう》、第十五図)は天平《てんぴょう》彫刻の宝庫と呼ばれ、近年まで堂内に安置されていた一八軀の彫刻作品のうち、九軀の脱活乾漆《だっかつかんしつ》像と五軀の塑《そ》像はいずれも天平時代の作品である。

内陣《ないじん》の須弥壇《しゅみだん》上、中央の八角二重框座《かまちざ》に安置される不空羂索観音像は三mを超える巨像が林立するなかにあって、他を圧して雄偉な姿である。脱活乾漆造で、頭髪を群青彩《ぐんじょうさい》とし、全身に金箔《きんぱく》がほどこされている。頭上に宝玉をちりばめた銀製の宝冠《ほうかん》をいただき、両眼のほかに額の中央に縦に一眼を加え、八本の腕をもつ、いわゆる三眼八臂《さんがんはっぴ》の立像で、頭髪を巻貝のように結い上げ(螺髻《らけい》)、左肩から背中にかけて鹿皮《ろくひ》をまとっている。

頭部をやや大きめにつくり、肩や腰が厚く、ことに下半身は両膝を開き気味にする。八臂という超現実的な形姿を自然に見せるための配慮であり、上半身の重みにもたえる力強い表現といえるだろう。脇手《わきしゅ》や天衣《てんね》、裙《くん》の襞《ひだ》などの部分は合掌《がっしょう》する手首を中心に構成され、全体にみごとな調和が保たれる。豊かで弾力性のある頬から顎にかけての肉づけ、抑揚に富む目鼻立ちの造形、微妙に起伏する曲面であらわされた皮や布などの着衣の質感、それらが有効に作用して全体の立体感を高めている。さらに内から外へ広がるような力が肌の部分のゆるぎない張りとなって表現され、彫刻としての造形性をいっそう確かなものとしている。まさに天平彫刻の神髄が遺憾なく発揮されている像といえる。

宝冠

乾漆造の本体(不空羂索観音像)、乾漆造を主体としながら強度を増すために木造を併用した台座、繊細な構造を考慮して木製とした光背《こうはい》とは異なり、宝冠は主要部を銀で構成し、表面を鍍金《ときん》している。頂上に火焔《かえん》付の宝珠《ほうじゅ》(水晶製)を載せ、正面には唐草文《からくさもん》を透彫《すかしぼり》した光背を背にして蓮花座上に立つ銀造の阿弥陀如来《あみだにょらい》立像が、両側と背面には上下に六稜鏡《ろくりょうきょう》・八稜鏡《はちりょうきょう》(六・八枚の花弁をかたどった鏡)が付され、その間に透彫唐草文を配する。宝珠・光背・鏡には銀製の放射線がつけられ、さらに全体にわたって銀線で連ねた宝玉が玉縁《たまぶち》風に、あるいは編んだように張りめぐらされている。宝玉は翡翠《ひすい》・琥珀《こはく》・水晶・真珠・吹玉《ふきだま》(ガラス)製で、勾玉《まがたま》・管玉《くだだま》、切子《きりこ》などの形に加工され、その数は二万数千個にのぼっている。

各部の文様はいかにも精緻で、絢爛《けんらん》豪華とはこの宝冠のためにある言葉かと思われる。天平時代の工芸品の最高の傑作といっても過言ではない(高さ八八・二cm)。

天平時代の仏師は、像の本体や宝冠だけでなく、光背・台座などのすべてを構想・統轄したと考えられ、この像の作者として「大仏師国中公麻呂《くになかのきみまろ》」の名もあげられている。

伝日光菩薩像・月光菩薩像

近年まで、不空羂索観音像の左右に日光《にっこう》菩薩《ぼさつ》・月光《がっこう》菩薩と称される二軀の塑像が侍立していた(現在は東大寺ミュージアムに安置)。当初の安置堂宇《どうう》は不明とされてきたが、近年の調査で当初から法華堂に安置されていたことが明らかになった。日光・月光という呼び名は近世になってつけられたもので、服装などから梵天《ぼんてん》・帝釈天《たいしゃくてん》としてつくられたものと考えられる。

適度にふくよかな面相は伏し目がちで、青年を思わせるような表情を示し、日光菩薩は着衣全体に太い衣文《えもん》を塑形し、月光菩薩は袖の部分にのみ衣文をあらわし、ほかの部分は体軀の起伏にそってゆるやかな曲面を見せて対照させている。両像とも左右の指を交互にはさむようにして軽く合掌し、そのやわらかく淡い感覚が全身にまでおよんでいる。

彩色はほとんど剥落して部分的に朱・緑《ろく》青《しょう》・切金《きりかね》文様などが認められるにすぎず、ことに上半身は塑土《そど》特有の銀灰色を呈し、かつてはそれが法華堂西側の連子窓《れんじまど》からこぼれる光に映えて、像自身がほの白く浮き上がるように見えた。日光・月光という優雅な呼び名にふさわしい雰囲気をもった天平彫刻の傑作の一つである。

東大寺執金剛神像《とうだいじしゅこんごうしんぞう》

東大寺法華堂，国宝，塑造・彩色，像高174.0㎝，天平時代(8世紀)

十七

執金剛神

東大寺法華堂《ほっけどう》(三月堂《さんがつどう》)の本尊不空羂索観《ふくうけんじゃくかん》音像《のんぞう》(第十六図)の背後の厨子《ずし》内に北面して安置され、秘仏のため毎年十二月十六日の開山《かいさん》忌《き》(良弁《ろうべん》の忌日《きにち》)にのみ開扉《かいひ》される。

この像は大金剛杵《だいこんごうしょ》(いかなるものも破砕する強力な武器)をもつ(執る)ところから執金剛神と呼ばれる。寺門の左右を護る仁王《におう》が二体に分かれる前の原形神である。法華経《ほけきょう》や華《け》厳経《ごんきょう》などの成立の古い経典に説かれ、インドや中国では早くからつくられているが、日本では単独像の作例は少ない。なお、不空羂索観音との密接な関係性が経典に説かれており、法華堂内でこの両者が背中合わせに安置されているのも深い理由があると推察される。

等身の塑《そ》像で、身体にぴったりと密着した甲《よろい》をつけ、右手に大金剛杵を振り上げ、左手は拳《こぶし》をかためて腰のそばに張り、左足を踏み出して腰をかまえるような姿勢をとる。口を大きくあけてすさまじい忿怒《ふんぬ》の形相を示し、隆々とした筋肉、首や腕には怒張した血管までを浮き上がらせている。また、身にまとう甲は体軀の線がわかる程度に柔軟で弾力性のある質感が表出され、そのほか細部にわたって入念に象形され、天平時代の写実的手法が遺憾なく発揮されている。彩色は、長年にわたって秘仏とされていたため、ほとんど褪《たい》色《しょく》もせず鮮やかに残っている。赤味をおびた肉色の肌、甲は金箔《きんぱく》で縁どり、朱・緑青《ろくしょう》・群《ぐん》青《じょう》・墨などで宝相華文《ほうそうげもん》・雲文《うんもん》などが繧繝《うんげん》彩色(同系統の濃淡の色を数色組み合わせた彩色)で描かれる。彫刻作品として、また当時の文様や彩色技法を知る上でも貴重な作品である。

執金剛神にまつわる伝説

特異な形相の像であり、古くから秘仏であったこともあって、この像に関する伝説がいくつかある。その一つは『日本霊異記《にほんりょういき》』に記されているもので、「奈良の都の東山に金鷲《こんしゅう》寺《じ》があり、金鷲行者《ぎょうじゃ》が住んでいた。今この寺は東大寺と呼ばれている。金鷲行者が執金剛神を安置して日夜礼拝していたところ、あるとき像の足から光が発して宮廷にまで達した。驚き怪しんだ天皇が、行者を宮廷に召して何事を願っていたのかと聞くと、出家して仏法を学びたいと答えたので出家を許した」とある。なお、金鷲寺とは法華寺《ほっけじ》の前身、金《こん》鐘《しゅう》寺《じ》に通じ、金鷲行者とは東大寺の開山である良弁を指すとみられる。

また『東大寺要録』には、「天慶《てんぎょう》年間(九三八〜九四六年)の平将門《まさかど》の乱のとき、像の元《もと》結《ゆい》の右端が大きな蜂となって東方へ飛び、賊軍をおおいに悩まし、征伐に至った」と記される。いずれもこの像の不思議な霊験を示すもので、平安時代の初めには、造立の事情などがすでに謎に包まれていたことを物語っている。

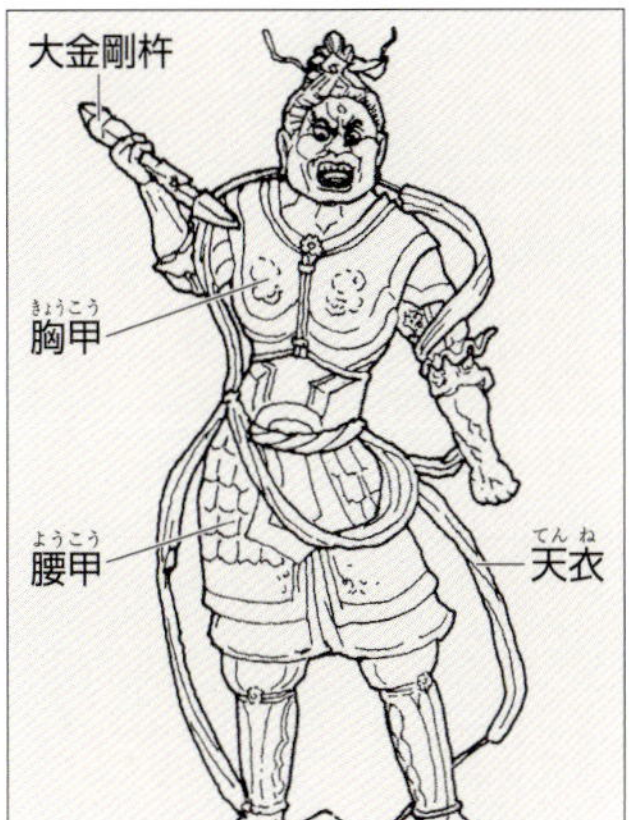

各部名称

腕に残る彩色

国宝, 塑造・彩色, 像高163.0cm, 天平時代(8世紀)

東大寺戒壇院広目天像《とうだいじかいだんいんこうもくてんぞう》

十八

東大寺戒壇院

大仏殿《だいぶつでん》の西に位置する戒壇院は、現在戒壇堂と千手堂《せんじゅどう》の二棟のみとなっているが、創建時には受戒堂《じゅかいどう》を中心に回廊《かいろう》がめぐり、講堂《こうどう》や僧房《そうぼう》を備えた独立した寺院だった。七五四(天平《てんぴょう》 勝宝《しょうほう》六)年、日本へ戒律を伝えるために来朝した唐僧鑑真《がんじん》によって創建されたもので、以後、中央の戒壇(授戒の式場)として、とくに重視された。この戒壇院は一一八〇(治承《じしょう》四)年の兵火をはじめ再三の火災に遭い、現在の戒壇堂は江戸時代に再建されたものである。堂内の中央に二重の壇を設けて多《た》宝塔《ほうとう》が安置され、四天王像が四隅をかためている。創建時には銅造の四天王がおかれていたという。現在の塑像は堂が再建された際、寺内のほかの堂から移されたもので、近年の調査により、当初は法華堂《ほっけどう》本尊不空羂索観《ふくうけんじゃくかん》音《のん》像の須弥檀上に、伝日光・月光菩薩像とともに安置されていたことが明らかとなり、その制作もそれらの像と同時であった可能性が高い。

四天王像の表現

四像とも等身の大きさで、唐風の甲《よろい》で身をかため、それぞれ邪鬼《じゃき》を踏まえて立つ姿が共通している。

東南に位置する持国天《じこくてん》像は左足を上げて邪鬼の頭を押さえ、右腰のあたりで剣をかまえる姿勢で、両眼を大きく見聞いて口をへの字に結び、この像のみ兜《かぶと》をかぶっている。

西南の増長天《ぞうちょうてん》像は四像のなかでもっとも動きに勢いがある。右足で邪鬼の頭部を踏まえ、左手を腰にあて、右手は高い位置で戟《げき》の柄を握る。両眼を見開き、口を大きくあけるが、その表情や姿勢は法華堂《ほっけどう》の執金剛神《しゅこんごうしん》像(第十七図)に見られるような威嚇《いかく》的な表現は極力抑えられていて、かえって迫力を増している。

西北の広目天像は増長天像とは対照的に静的にあらわされている。わずかに腰をひねるのみで、左肘をまげて巻子《かんす》をもち、右手には筆をとる。眉をひそめ前方を凝視する表情は真に迫っている。

東北に位置する多聞天《たもんてん》像は、わずかに腰をひねって邪鬼の背中を踏みつけ、左手で宝棒《ほうぼう》をとり、右手を高くのばして宝塔《ほうとう》を掲げ、目を細めて前方に視線を向ける。

各像とも動きをひかえたなかで姿勢に微妙な変化を与え、表情もそれぞれ個性的で、たんなる誇張にとどまらず、群像としての調和がよく保たれている。皮甲で体軀をきつく締めつける感じが巧みに表現されていて、像全体の緊張感を高めている。天平彫刻の写実と技巧がこの群像でみごとに開花したといえる。

なお、各像とも造像当初は甲の各部に宝相《ほうそう》華文《げもん》をはじめ蔓《つた》・花文《かもん》などが金箔を交えて極彩色されていた。そのほとんどが剝落して銀灰色の塑土《そど》の肌を呈しており、それがいっそう各像に落ち着いた雰囲気を与えている。

四天王

元来、古代インド神話中の神であるが、仏教に取り入れられて四方を守護する護法《ごほう》神《じん》(仏教を守る神)となった。持国天が東方、増長天が南方、広目天が西方、多聞天が北方を守るのが役目で、四天王像は通常堂内の四隅に安置される。中国風の甲で身をかためて足下に邪鬼を踏まえるのが一般的な形で、広目天は筆と巻子をもつことが多く、これは経典《きょうてん》に規定はないが、四天王が人間のおこないの善悪を観察して書きとめ、帝《たい》釈《しゃく》天《てん》に報告する役割を示すとの解釈がある。戒壇院広目天像の眼差しもこれとかかわる可能性が指摘されている。日本ではすでに飛鳥時代から制作されている。四天王のうち多聞天は毘沙門天《びしゃもんてん》としてとくに福徳富貴の神として単独に信仰され、近世には七福神の一つに数えられている。

持国天(左)・**増長天**(中)・**多聞天**(右)　国宝

奈良市雑司町，国宝(指定名称「正倉院正倉」)，桁行九間・梁間三間，校倉，寄棟造，本瓦葺，奈良時代

正倉院宝庫
しょうそういんほうこ

正倉院宝庫内部

十九

勅封の正倉

正倉とは古代に大蔵省をはじめとする官衙《かんが》や諸国の国衙《こくが》において、正税《しょうぜい》などの官物《かんもつ》をおさめた倉の呼称で、官寺の貴重品を収納した倉も同様に呼ばれた。その正倉が何棟か群立する地域を築地塀などで囲った一郭が正倉院である。したがって南都の諸大寺にはすべて正倉院が付属していたが、東大寺の正倉だったこの宝庫だけが創建以来の姿で残った。

この宝庫は明治以降、なかにおさめられた宝物とともども政府の直接管理するところとなり、内務省・農商務省をへて宮内省、戦後は宮内庁の所管となった。また近年は内部の宝物を同じ構内に建築した鉄筋コンクリート造の新宝庫に移して保存している。

宝庫に伝わる宝物のうち一般によく知られるのは、七五六(天平勝宝《てんぴょうしょうほう》八)年聖武太上《しょうむだいじょう》天皇崩御後の御忌《ぎょき》に、光明《こうみょう》皇太后がその遺愛の品々を大仏に献納した宝物である。宝庫の建築年次には諸説があるが、七五六年には宝庫の存在を前提とした納物出納《のうもつすいとう》の記録が作成されており、この時点を下限として、宝庫の完成時期をさらにさかのぼらせる説が有力となっている。

右の献納宝物は北倉内にあって、その出し入れは勅使立合いの厳重な管理のもとにおこなわれていたが、のちには天皇自身が署名した封紙をつける形式が定着した。北倉は最初から勅封倉であり、平安時代中頃からは中倉《ちゅうそう》も勅封となった。

南倉は、本来の納物の一つとして七五二(天平勝宝四)年の大仏開眼会《かいげんえ》に用いた品々が想定される。九五〇(天暦《てんりゃく》四)年に東大寺《とうだいじ》羂索《けんじゃく》院《いん》雙倉《ならびくら》が破損したので、ここにおさめて綱《こう》封《ふう》で管理していた山内《さんない》諸堂塔の什宝《じゅうほう》を南倉に移し、以後、綱封による管理が南倉に引き継がれた。綱封倉とはその開閉に僧綱所《そうごうしょ》の許可を必要とする倉で、明治以後は北・中両倉と同様に南倉も勅封に改められた。

雙倉

宝庫は高床造で、間口が約三三m、奥行約九・四m、床下約二・七m。総高約一四mの巨大な建造物を直径約六〇cmの束柱四〇本で支えている。長い寄棟《よせむね》造屋根の下に南・中・北の三倉に仕切られ、各倉とも東側中央に扉を開く。南と北は校倉《あぜくら》、中倉はその中間を前後だけ厚板で囲った板倉であり、古代には雙倉または雙甲倉《そうこうぐら》と呼ぶ形式であった。甲倉とは校倉を指す。なお、中倉は古くは中の間と記され、校倉から出した品物の仮置場にあてられていた。

各倉とも内部には中二階の床があり、そのうち戸口内部の方一間だけは吹抜けとなって階段を設けている。

なお校倉が積み上げた校木《あぜぎ》の収縮によって内外の湿度を調節するというのは誤りで、校木は密接して隙がなく、厚い壁体そのものが吸放湿をおこなって外部の環境変化を緩和するのに役立つのである。

正倉院の校倉造

校倉部分は桁行・梁間とも三間で、束柱をベタに立て、梁行の各柱筋に台輪《だいわ》をおき、その鼻を前後に長くのばす。その上に桁行の前後二筋だけ台輪を重ね、そこへまず梁行、次に桁行の校木を、ちょうど背の半分ずつ食い違う形で交互に積み上げてゆく。そして最上段の三本はとくに長くして隅で桔《は》ね出し、その先に軒桁をおいて深い軒をつくる。このあたりは校倉の定石通りの構造である。ただ隅で校木の端が上方ほど少しずつ外へのび出して木口の線が斜めになるのは珍しく、おそらく巨大なために上すぼまりに見えるのを防ぐためと考えられる。南・北倉を独立した校倉とみても、これだけ規模の大きなものはほかに例がない。

中倉も台輪までは同じ形式で、東西両面だけ両脇の校木の木口にそえて角柱を立て、また中央にも柱二本を立て、この柱の溝に厚板を落とし込んで壁体や戸口をつくる。したがって中倉の内部では南北に校木の凹凸面があらわれている。

正倉院宝庫と並び、現存する雙倉である法隆寺綱封蔵の中倉は束柱や台輪があるだけで床板《ゆかいた》や前後の壁がなく、まったくの吹放しとなっており、左右の倉を使うときに臨時の床や囲いを設けて前室に利用した。正倉院の中倉は最初から現状のような板倉としてつくられたことが年輪年代調査で確認され、雙倉の発展形式が示されている。

二十

正倉院鳥毛立女屏風《しょうそういんちょうもうりゅうじょびょうぶ》

第一扇

第二扇

第三扇

第五扇

第六扇

樹下美人図, 正倉院宝物, 鳥毛立女屏風六扇のうち第四扇, 紙本著色, 縦136.2㎝・横56.2㎝, 天平時代(8世紀中頃)

正倉院の屏風

聖武《しょうむ》太上《だいじょう》天皇の死去後、四十九日目にあたる七五六(天平勝宝《てんぴょうしょうほう》八)年六月二十一日、光明《こうみょう》皇太后は天皇遺愛の品々を東大寺《とうだいじ》金堂の本尊である盧舎那仏《るしゃなぶつ》(大仏)に献納された。その後、正倉に収蔵されることとなる品々のなかには、六扇(面)、あるいは八扇、一二扇でワンセットになる屏風が一〇〇セットも含まれていた。画題は山水図《さんすいず》・仕女《しじょ》図・客殿《きゃくでん》図・遊楽《ゆうらく》図を描いた画《え》屏風をはじめ、鳥毛を貼った鳥毛屏風、鳥の絵が描かれた鳥画《ちょうが》屏風、また板染めや臈纈《ろうけち》染めで図案をあらわした夾纈《きょうけち》屏風・臈纈屏風なども見られた。しかし献納時には六〇〇扇近くあったものも、今ではわずかに四〇扇ほどが残っているにすぎない。

『鳥毛立女屏風』六扇は鳥毛屏風の一つで、唐画の美人図にならい、日本で制作されたものである。第五扇の下貼の反故《ほご》紙に七五二(天平勝宝四)年六月二十六日の年記があるところから、制作時期は献納までの八世紀中頃の数年間に絞られる。江戸時代元禄年間の修理をはじめとして、数次にわたって修理・調査がおこなわれてきた。

『鳥毛立女屏風』

各扇は木枠に麻布を貼り、その上に紙を貼り、白土《はくど》で下地をつくり、絵が描かれている。絵は、第一扇・二扇・三扇が一人の女性が樹木の下にたたずむところ、第四扇・五扇は、樹木の下、石座に腰かけ憩うところが描かれているが、第六扇は面部しか残っていない。

女性や樹木・草石を墨線で下描きし、女性の顔や手指、着物の袖裏に彩色をほどこし、その他の頭髪や衣服・樹石などにはヤマドリなどの鳥毛が貼られていた。これは絵画と工芸の二つの技法からなる珍しい作品といえよう。しかし現在では鳥毛は剝がれ、当初の顔や手指、袖裏の彩色を除き、多くは下描きの墨線があらわれ、墨画《ぼくが》を見るようである。これがまた絵画史のうえで貴重な資料となっている。

絵に描かれた女性の肉づきの良い福々しい姿や服装・髪形・画眉《かきまゆ》・化粧などは、中国の盛唐期におけるトップモードを写したもので、当時の敦煌《とんこう》石窟の壁画や彩俑《さいよう》と共通するものである。服装は広袖《ひろそで》の上衣と長い裙《くん》をつけ、裙帯を腹前にたらし、上衣の上にはそでなしを着て、さらにその上に長いスカーフを胸前から両腕に掛けたらしている。裙の裾からは花頭《かとう》靴の先を覗かせる。髪形は前髪から左右に大きくふくらませ、頭上で束ねてたぼをつくり、額髪の上から前にたらして頭上に元結《もとゆい》で括っている。眉は蛾眉《がび》と形容されるように太いかきまゆで、眉の間には鮮やかな白緑で菱形においた四点の花飾りを、また唇の両側には同じく白緑で一つずつつけぼくろを打っている。それら濃墨《のうぼく》の画眉や白緑の粧点《しょうてん》は、淡く朱の差した白い肌を引き立たせ、いにしえの盛唐美人の艶《えん》麗《れい》な姿をほうふつとさせる。

樹下美人図

唐の都・長安から遠く離れた辺境の地、天山北路に位置するトルファン(現、中国新疆ウイグル自治区)は、唐代に栄えた中央アジアのオアシス都市で、左の「樹下美人図」はトルファンの旧都カラホージョから出土したと伝えられる。

裏貼紙に七一六(開元四)年の年記のある戸籍が使われており、『鳥毛立女屏風』と同じように唐画美人図の影響のもとにつくられたことがわかる。乾燥した砂漠地帯では樹木は生命の象徴であり、それを生み出す地母神《じぼしん》が崇拝されていた。こうした背景のもと、豊饒繁殖のシンボルとして描かれたイラン系の樹下美人のモチーフが、シルクロードを通り、中国に入り、唐朝に樹下美人図と呼ばれる一つの画体として成立し、これがあるいはさらに東方の日本へ、あるいは逆行して西方のトルファンへと伝播したと考えられる。正倉院の『鳥毛立女屏風』とトルファンの「樹下美人図」は表現描写に精粗《せいそ》があるにしても、一つの形式が唐から東と西におよんだ興味深い遺例といえよう。

樹下美人図(トルファン出土) MOA美術館, 国重要文化財, 紙本著色, 縦141.2cm・横56.4cm, 唐代

正倉院螺鈿紫檀五絃琵琶《しょうそういんらでんしたんのごげんびわ》

正倉院宝物, 螺鈿紫檀, 全長108.1cm・幅30.9cm, 天平時代

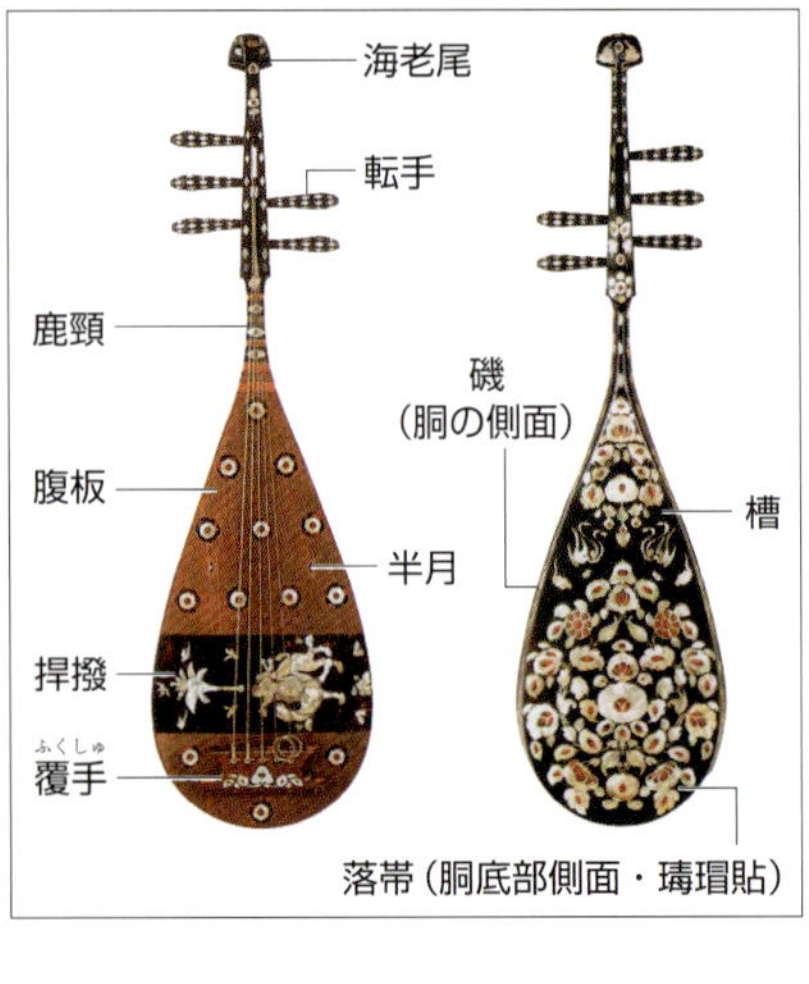

各部名称

二十一

螺鈿紫檀五絃琵琶

螺鈿紫檀五絃琵琶は、『国家珍宝帳《こっかちんぽうちょう》』（天《てん》平勝宝《ぴょうしょうほう》八〈七五六〉年六月二十一日献物帳）に記された「螺鈿紫檀五絃琵琶一面 亀甲鈿捍《きっこうでんかん》撥《ばち》云々」に該当する。楽器が数多く残る正倉院宝物のなかでもとくに著名であり、聖武太《しょうむだい》上《じょう》天皇の遺愛品の一つと考えられている。

名称に示されている通り、槽《そう》・鹿頸《ししくび》・海老《えび》尾《お》・転手《てんじゅ》などの主要部はすべて紫檀が使われ、優美な曲線で構成された長梨形に形づくられている。表側の腹板《ふくばん》は沢栗《さわぐり》の一枚板で、一三個の小花文を整然と配し、花芯《かしん》には透明度の高い瑇瑁《たいまい》（琥珀《こはく》と誤られることが多い）をはめ、花弁を螺鈿と瑇瑁で装飾している。また小さな二つの半月（響孔《きょうこう》）を背向かいに配し、螺鈿で縁どりし、透かしている。

捍撥は、献物帳に「亀甲鈿捍撥」とあるように、瑇瑁を貼って地《じ》とし、螺鈿で絵文様をあらわしている。画題は駱駝《らくだ》に乗って琵琶を弾く胡装《こそう》の人物で、その上辺に一本の棗椰子《なつめやし》と、その周りに五羽の飛鳥を配し、左右および下辺には草石を配している。螺鈿にはそれぞれ毛彫《けぼり》をほどこす。

槽は背面全面に大小二つの宝相華《ほうそうげ》を配し、余白に含綬鳥《がんじゅちょう》と飛雲《ひうん》をあしらう。これらは螺鈿に毛彫をほどこしてあらわし、宝相華の花芯と葉心《ようしん》は朱や緑青《ろくしょう》・金泥《きんでい》で彩り、その上に瑇瑁をかぶせ、彩色を透かし見えるようにしている。

磯《いそ》・鹿頸・海老尾にも宝相華・花菱《はなびし》・飛雲や蝶を配し、螺鈿で装飾している。落帯《らくたい》は金色の地に朱・緑青・墨で花卉《かき》や飛鳥を描き、その上に瑇瑁を貼っている。

捍撥にあらわされた駱駝の背で胡人が奏楽舞踏を演ずる西域《さいいき》風のモチーフは、三彩俑《さんさいよう》や正倉院宝物の捍撥彩絵騎象奏楽図《きぞうそうがくず》などにも見られる。盛唐に流行した図柄で、この捍撥螺鈿の文様もその影響を受けている。斬新なデザインと高度な螺鈿の技法は、当代の優れた造形感覚をいかんなく発揮したものといえよう。

五絃琵琶

西アジアを源流とする四絃琵琶に対し、五絃の源流はインド地方とされ、その形体は四絃が梨型・曲頸であるのに対して、五絃はやや細身の器形をもち、鹿頸から頂部まで屈曲することのない直頸形式であるところに大きな特色がある。

正倉院宝物の螺鈿紫檀五絃琵琶は唐式五絃琵琶の唯一の遺品であるが、槽の磯が大変厚手であること、半月形の響孔が非常に小さいことなどが特徴としてあげられる。また接着剤に乳香《にゅうこう》の類を使用するなど、舶載品《はくさいひん》である可能性が高い。

なお五絃琵琶はインドではもっぱら指で弾かれていたのが、中央アジアに伝播してからは四絃と同様に撥《ばち》を用いるようになり、その奏法がそのまま中国に受け入れられたといわれている。

正倉院宝物

正倉院宝物はおもに次の二つのグループからなる。一つは聖武太上天皇崩御のあと、その四十九日の御忌《ぎょき》にあたる七五六年六月二十一日に、光明《こうみょう》皇太后が太上天皇の冥福を祈り、東大寺《とうだいじ》の本尊盧舎那仏《るしゃなぶつ》に献納された天皇遺愛の品々――袈裟《けさ》・念珠《ねんじゅ》・書跡・服飾品・楽器・遊戯具・武器武具・鏡・屛風など六百数十点と、同じ日に献納された薬物六〇種、そしてその後三回にわたり献納された屛風や花氈《かせん》（花模様の毛氈）など一〇種八〇点、中国晋代の有名な書家である王羲之《おうぎし》と王献之《けんし》父子の真跡一巻、藤原不《ふじわらのふ》比等《ひと》の真跡の書屛風二帖などである。

ほかの一つは東大寺の什宝《じゅうほう》というべき一群で、十世紀の半ばに東大寺羂索《けんじゃく》院の双倉から移された品々のほか、七五二（天平勝宝四）年四月の大仏開眼会《かいげんえ》をはじめ東大寺の重要な法会や称徳《しょうとく》天皇の東大寺行幸の際に盧舎那仏に献納された品、あるいは年中行事に使用された品など、南倉本来の納物もあった。これとは別に、東大寺造営《ぞうえい》にあたった造東大寺司《ぞうとうだいじし》に由来する第三のグループもある。

現在の正倉院宝物は、後世になって入庫したものを合わせ、およそ一万点におよぶ。第一級の美術工芸品であると同時に、当代における東西文物の交流を如実に示す遺品として価値が高い。

奈良市五条町, 国宝, 桁行七間・梁間四間, 一重, 寄棟造, 本瓦葺, 奈良時代(770〜780年頃)

唐招提寺金堂

とうしょうだいじこんどう

二十二

唐招提寺金堂の列柱

唐招提寺全景

戒律の寺

栄叡《ようえい》と普照《ふしょう》を使者とする日本の招きに応じて、日本に正式の戒律を伝えようと熱意をいだいた唐僧鑑真《がんじん》は、渡海の失敗に失明まですする艱難《かんなん》にたえ、七五三(天平《てんぴょう》勝宝《しょうほう》五)年十二月、六度目の渡航で来日を果たした。翌年、奈良に入った鑑真は東大寺《とうだいじ》大仏殿前に戒壇を設け、天皇・皇后以下四〇〇余名に戒を授けた。

鑑真は、東大寺内の唐禅院を居所とし、その膝下《しっか》には戒律を学ぶ僧が参集した。しかし七五九(天平《てんぴょう》宝字《ほうじ》三)年、鑑真はここを弟子法進《ほうしん》に譲り、新田部《にいたべ》親王の旧宅を賜わり新しく寺を設けた。これが唐招提寺の創立である。

募財によった造営

唐招提寺の建設は、鑑真に帰依した当時の貴族たちの寄進や弟子たちの募財によって進められた。講堂は平城宮《へいじょうきゅう》の朝集殿《ちょうしゅうでん》が施入されて仏堂へと改造されたもので、鑑真が入《にゅう》寂《じゃく》した七六三(天平宝字七)年までには完成していた。食堂《じきどう》は藤原仲麻呂《ふじわらのなかまろ》、羂索堂《けんじゃくどう》は入唐大使藤原清河《きよかわ》の寄進、金堂は弟子如宝《にょほう》の募財による造営で、宝亀《ほうき》末年(〜七八〇)から材料を集め、延暦《えんりゃく》初年(七八二〜)頃に完成したようだ。八一〇(弘仁《こうにん》元)年に五重塔が完成して、主たる伽藍は整備を終了した。

創建当初の姿を残すのは金堂と講堂と、東側におかれた二棟の校倉《あぜくら》(経蔵《きょうぞう》・宝蔵《ほうぞう》)である。小ぶりなほうの経蔵は新田部親王の邸宅時代からあった倉を改造したものである。

講堂の両側の僧房《そうぼう》は、奈良時代の構成を継承するが、鎌倉時代の再建であって、南側は舎利殿《しゃりでん》(鼓楼《ころう》)に対する礼堂《らいどう》とされている。

天平の金堂

平城京内部の奈良時代寺院の金堂としては、唐招提寺金堂が唯一の遺構である。官の大寺であれば金堂は二重か裳腰《もこし》付の二重屋根になるかどちらかだが、唐招提寺は単層であって、それより簡単な形式である。雄大な唐招提寺を見ることにより、さらに壮大な同時代の金堂を想像することが可能だろう。現在は独立建築であるが、もともとは南大門の内側に中門があり、そこから出た回廊が金堂の両脇に取りついて、広い前庭を囲むようになっていた。金堂の前面一間通りが吹放ちになっているのは、回廊に連続するようにしたからであろう。参詣者は堂内に入らずに、仏像をまぢかに礼拝することができる。

金堂のもう一つの特徴は、正面の柱間寸法が中央から脇にかけて、十六尺、十五尺、十三尺、十一尺というように、少しずつ小さくなっていることである。中心部を強調する方法であって、吹放ちとあいまって、立体的な表情をつくるのに成功している。

後世の修理で、屋根が厚くなり、さらに長《なげ》押《し》などの部材も太いものにおき換わっている。金堂に近づいて屋根を見上げると、それが薄く、しかも軽やかに反り上がって見える。これが創建当初の姿を体感する方法である。

唐招提寺金堂の構造

正面七間、側面四間であって、屋根は寄《よせ》棟造《むねづくり》である。組物は三手先《みてさき》、軒は地垂木《じだるき》が円、飛檐《ひえん》垂木は角の二軒で、最高級の仕様をもつ。円柱は緩やかに膨らみ上部に丸面をとるのは天平様式の特色の一つである。薬師寺《やくしじ》の組物と比べると、形式は同じだが、肘木《ひじき》が短くなり、組物がコンパクトなひとかたまりになった印象を与える。また軒裏も支輪と平天井の組み合わせとなって、より発達している。三手先組物はこれ以後日本における最高級組物として使われ続けるのだが、唐招提寺の形式がその基本形となった。金堂内部は大虹梁《だいこうりょう》をわたし、蟇股《かえるまた》をおいて高い折上組入天井《おりあげくみいりてんじょう》を支え、大きな仏像を安置するにふさわしい空間をつくっている。なお、屋根の大棟の両端を飾る鴟尾《しび》のうち西側は創建当初のものであり、東側は鎌倉時代に補足されたものである(いずれも現在は新宝倉に安置)。

唐招提寺金堂の西鴟尾 国宝，天平時代

唐招提寺鑑真和上像《とうしょうだいじがんじんわじょうぞう》

唐招提寺御影堂，国宝，脱活乾漆造・彩色，像高80.1cm，天平時代（763年）

行信僧都像
法隆寺夢殿，国宝，脱活乾漆造，像高89.7cm，天平時代（8世紀）

二十三

鑑真和上像

鑑真和上は、日本に正式な僧の認定制度(受戒制度《じゅかい》)を確立するために律令政府によって招かれた唐の名僧である。彼の中国での経歴や、来日のための五度の渡航は失敗し、六度目の七五三(天平勝宝《てんぴょうしょうほう》五)年にようやく実現した苦難の道すじは、淡海三船《おうみのみふね》が著した『唐大和上東征伝』に詳しい。

唐招提寺御影堂《みえいどう》に安置されているこの和上像の造立事情についても、『東征伝』に次のような一節がある。

七六三(天平宝字《てんぴょうほうじ》七)年の春、鑑真の弟子忍基《にんき》が、講堂《こうどう》の棟梁《むなはり》が摧《くだ》け折れる夢をみて驚き恐れて目が覚めた。忍基は、和上の死期が迫ることを知り、諸弟子を率いて和上の影《かたち》を模した。その年の五月六日、和上は西方に向って坐し、七六歳の生涯を終えた。

このときつくられた「影」は画像である可能性もあり、本像にあたるかは明らかではない。しかし、本像の形姿は、あたかもこの『東征伝』に記された和上臨終の一瞬を今に伝えるかのようであり、七六三年頃の制作であることは間違いない。

また、像のバランスの良い身体構成と的確な量感の把握、そして不撓《ふとう》の意志を秘めた崇高な顔貌などは、実人物に即しながらその表面的な描写に溺れない、一個の理想化された造形としての魅力を存分に備えている。その意味で本像は、法隆寺夢殿《ほうりゅうじゆめどの》の行信僧都《ぎょうしんそうず》像とともに、日本の肖像彫刻における最初期の作品であるだけでなく、天平古典主義彫刻の一到達点を示すものとみなされる。

鑑真和上像の造形

像は両手を除きその大部分が脱活乾漆造《だっかつかんしつづくり》からなる。麻布の貼り重ね枚数は多いところで五〜六枚。両手は木彫で、表面に薄く木屎《こくそ》漆《うるし》を盛っている。もとは歪みを防ぐため、像内に木枠を設けていたとも推測されるが、現在は簡単なものにかわり、新たに底板も取りつけられている。

頭部や両脚部・胸・背面など、後世に穴があいたり歪んだりした箇所も多く、原容をかなり損なっているのが惜しまれる。彩色仕上げをほどこすが、その大部分は後補である。

本像の作者については、和上に随行した中国人仏工をあてる説もあるが、右に見た技法が、当時の日本の官営造仏所でおこなわれていたものと相違点がなく、作風的にも同様で、日本人の仏工によってつくられたとみて良いだろう。

なお、和上の遺言によれば、本像は東大寺《とうだいじ》戒壇院《かいだんいん》に影堂を建てて祀られるはずであったが、なんらかの事情でそれは実現せず、唐招提寺の彼の住房《じゅうぼう》にそのまま安置された可能性が強い。とすれば、高僧の生前の住房が影堂へと転化していく最初の例ともいえよう。

『鑑真和上東征絵伝』

唐僧鑑真の伝記絵巻。鎌倉の極楽寺《ごくらくじ》を中興した忍性《にんしょう》が六郎兵衛蓮行に描かせて、一二九八(永仁《えいにん》六)年に唐招提寺におさめたもの。絵には唐を出立する際の鑑真、遣唐使《けんとうし》船内の姿などが描かれている。左図は、なんとか浜辺にたどり着いた一行の様子。

唐招提寺, 国重要文化財, 紙本著色, 全5巻, 縦37.0cm, 鎌倉時代(1298年)

新薬師寺十二神将像《しんやくしじじゅうにしんしょうぞう》

二十四

十二神将像　新薬師寺本堂, 国宝, 塑造・彩色, 像高153.0〜167.0cm, 天平時代(8世紀)
薬師如来像　新薬師寺本堂, 国宝, 木造・素地, 像高190.0cm, 平安時代(800年前後)

新薬師寺の創建と諸像

新薬師寺は光明《こうみょう》皇后が七四七(天平《てんぴょう》十九)年に創立したといわれ、七仏薬師《しちぶつやくし》(七体の像)を祀る間口《まぐち》九間の金堂《こんどう》や東西両塔を有する大伽藍《だいがらん》であったが、現在では間口七間の天平時代の本堂と、中・近世に建てられた二、三の小堂を残すのみである。しかも現在の寺地は旧伽藍の東のはずれにあたり、創建時の堂宇《どうう》や仏像のほとんどが失われている。

現在の本堂には高さ九〇cm、直径九mほどの土壇が設けられ、中央に木造の薬師如来《にょらい》坐像が安置され、それを囲むように塑造《そぞう》の十二神将像が外側を向いておかれている。

十二神将像は本堂とともに天平時代の制作だが、江戸時代の縁起には、近くにあった岩《いわ》淵寺《ぶちでら》から移されたことが記される。しかし、元来、新薬師寺像であった可能性も否定できない。

十二神将像

十二神将は薬師如来の十二本願《ほんがん》を護持する守護神で、いずれも甲冑《かっちゅう》をつけた武装形にあらわされ、経典《きょうてん》によれば、それぞれが七〇〇〇の眷属《けんぞく》を率いているといわれている。十二神将と十二支の結びつきは中国の唐時代に始められたが、日本では平安時代中頃の作品に初めてあらわれる。一般に十二神将像は中尊薬師如来像の左右や前方におかれることが多く、新薬師寺のように取り囲む例は珍しい。

十二軀のうち一軀は昭和初年に補作されたものであるが、ほかの十一軀は再度の修理にもかかわらず原容をよくとどめている。各像とも体軀の均整がとれ、忿怒《ふんぬ》の形相は筋肉などをことさら誇張せず、それぞれの姿勢も後代の十二神将のような過度の動きは見られない。その節度をもった造形は、それだけにかえって静的な雰囲気のなかに気迫がみなぎっている。しかも各像は兜《かぶと》・頭髪・甲《よろい》、あるいは姿勢などに変化をつけ、一組の群像としてもみごとに構成されている。

各像の構造技法は東大寺《とうだいじ》法華堂《ほっけどう》執金剛神《しゅこんごうしん》像(第十七図)、同戒壇院《かいだんいん》四天王像(第十八図)などの天平時代の塑像《そぞう》とほぼ同工である。いずれも両脚の二本の心木《しんぎ》を基本とし、上半身はそれぞれの姿勢に応じて心木を組み立て、細部には銅心を用い、これに苆《すさ》入りの三層の粘土を重ねて塑形している。表面は白土下地に金箔《きんぱく》を交え、草花などを描いた彩色をほどこしている。なお、各像の黒目の部分には色のついたガラスがはめられている。

薬師如来像

新薬師寺の本尊、薬師如来像は榧《かや》材の木彫像で、眉や目・ひげを墨で、唇を朱で描き、ほかの大部分は素地のまま仕上げている。

頭部や体幹といった主要部を榧の一木《いちぼく》造《づくり》とし、手足なども榧材を使って寄せ木しているため、像の表面の木目がそろって見え、この二mに近い像全体があたかも一本の材から丸彫《まるぼり》したように見える。八世紀に中国からもたらされた檀像《だんぞう》彫刻(檀木《だんぼく》を用いた小形の彫刻で、像全体を一材から彫り出し、表面は木肌をそのまま残す彫像)と同様の効果を意図したものとみられる。平安期の木彫像の発生に檀像彫刻が大きく影響していたことを示す好資料である。

造立時の記録はなく、来歴もほとんどわかっていない。文献史料の検討から新薬師寺の伽藍が整備された奈良時代末期の制作とみられていたが、近年様式の再検討により、平安時代初期の制作である可能性も指摘されている(神護寺《じんごじ》薬師如来立像などと並んで、平安時代初期木彫像の初頭を飾るにふさわしい作品である)。

薬師寺吉祥天像《やくしじきちじょうてんぞう》

国宝, 麻布著色, 縦53.3cm・横32.0cm, 奈良時代

二十五

薬師寺吉祥天像の成立

本図は、幸福や利益を授けてくれる仏法守護神である吉祥天の姿を、縦五〇cm、横三〇cmほどの小さな麻布に描いたものである。

この吉祥天像は、中国の唐時代の服装や髪形をした女性の姿にあらわされている点に特色があり、眉の描き方や丸々とした顔立ちなど、正倉院《しょうそういん》『鳥毛立女屏風《ちょうもうりゅうじょびょうぶ》』（第二十図）との類似から、奈良時代の作品であると考えられている。

国家の安穏や五穀の豊穣《ほうじょう》を吉祥天に対して祈る吉祥悔過会《けかえ》(吉祥天悔過)が、諸国の国分《こくぶん》寺《じ》や官寺《かんじ》において、国家的な規模の信仰としてさかんにおこなわれたことは、奈良時代中頃から記録にあらわれており、本図は、吉祥悔過会の本尊《ほんぞん》としてつくられた作品とみられる。

吉祥天とは

吉祥天は、ヒンドゥー教における幸運と美の女神ラクシュミーに由来する。

仏教には、福徳を授け仏教を守護する天女として早くから取り入れられ、『金光明経《こんこうみょうきょう》』などに功徳天《くどくてん》・吉祥天女などと漢訳されており、密教においては、毘沙門天《びしゃもんてん》の妃とされている。姿や形については諸説あるが、普通は左手に如意宝珠《にょいほうじゅ》をもち、右手は施無畏印《せむいいん》(掌を外に向けて下げる形)にする天女像が多い。

薬師寺吉祥天像の特色

顔の表現では両眉の間がせまく、眉の端を太く描くことや、小さく引き締まった口元、頬の輪郭が唐代の俑《よう》や中央アジア出土の胡服《こふく》美人図に見られるような豊かな丸味を見せること、耳の脇で束ねて頭上にすきあげてまとめる髪形が特色としてあげられる。

髪の生え際や首筋の毛描きの表現は、中国陝西省乾県《せんせいしょうけんけん》に残る唐時代の永泰公主墓《えいたいこうしゅぼ》壁画に描かれた官女図の表現に類似しており、衣裳も唐時代の女性の礼服であることなど、吉祥天像の表現を通して唐時代美術の影響が強くあらわれている。

国家的な仏教行事となった吉祥悔過会の本尊が、唐風の装いで表現されたという事実は、日本の仏像がたんに中国の仏像を手本にしたということにとどまらず、奈良時代の日本がいかに唐文化に強く心酔していたかを示すものである。

永泰公主墓壁画の官女図　唐代

吉祥天立像　浄瑠璃寺，国重要文化財，像高90.0cm

吉祥天像に見る仏教の女性像

本図以外の吉祥天像のうち著名な例としては、東大寺法華堂《ほっけどう》にある奈良時代の塑像《そぞう》、法隆寺金堂《ほうりゅうじこんどう》に安置される平安時代の木彫《もくちょう》像、浄瑠璃《じょうるり》寺所蔵でやはり平安時代につくられた木彫像など、いずれも彫像が知られている。

各時代の女性像と比較すると、いずれもその時代が好んだ女性像を用いて吉祥天像を造像していることがわかる。このことは、吉祥天像が、仏教の尊像のなかでは数少ない女性像であり、しかも幸福を授けてくれる仏像であるために、各時代が理想とする人間像(女性像)を仏像の姿に託して表現したことを示すものであろう。

●塑像の代表例

東大寺《とうだいじ》伝日光《にっこう》・月光菩薩《がっこうぼさつ》像，東大寺法華堂執金剛神《しゅこんごうしん》像，東大寺戒壇堂《かいだんどう》四天王像，新薬師寺《しんやくしじ》十二神将《しんしょう》像

●乾漆像の代表例

興福寺《こうふくじ》八部衆《はちぶしゅう》像（阿修羅《あしゅら》像），興福寺十大弟子像，東大寺法華堂不空羂索観音《ふくうけんじゃくかんのん》像，唐招提寺鑑真《とうしょうだいじがんじん》像，唐招提寺金堂盧舎那《るしゃな》仏像，聖林寺《しょうりんじ》十一面観音像

平安の彫刻　一木造と寄木造

◆ 一木造

頭・体の中心部を一材から彫り出し，その木取りからはみ出す部分には適宜別材を矧《は》ぎ足して仏像を制作する技法である。干割《ひわ》れ防止や重量の軽減，あるいは仏舎利《ぶっしゃり》や経巻《きょうかん》その他の納入品をおさめる目的で内刳《うちぐり》をほどこす場合も多い。日本ではすでに飛鳥時代において樟《くすのき》材による一木造《いちぼくづくり》がおこなわれるが，とくに8世紀後半～9世紀初頭にいたると，比較的豊富な榧《かや》や檜《ひのき》などの針葉樹《しんようじゅ》材が用いられるようになり，新たな表現を獲得するとともに，この技法が時代の主流をなすことになる。一木造の造像を促したものとして，当時中国でさかんであった檀像《だんぞう》（白檀などの香木を彫ってつくった仏像），あるいはその制作概念の影響も忘れることができない。

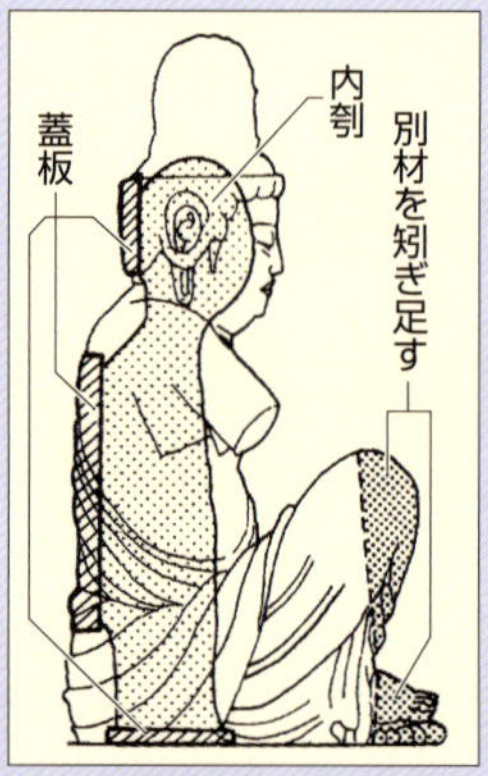

◆ 寄木造

寄木造《よせぎづくり》は仏師定朝《じょうちょう》によって完成されたという造像技法。この技法が一般化したことで，多くの仏師による分業制作，短時間での大量制作，大型の仏像制作が可能となり，造仏・造寺に励むことが極楽往生への近道と考える平安時代後期の貴族たちの要望に応えられるようになった。

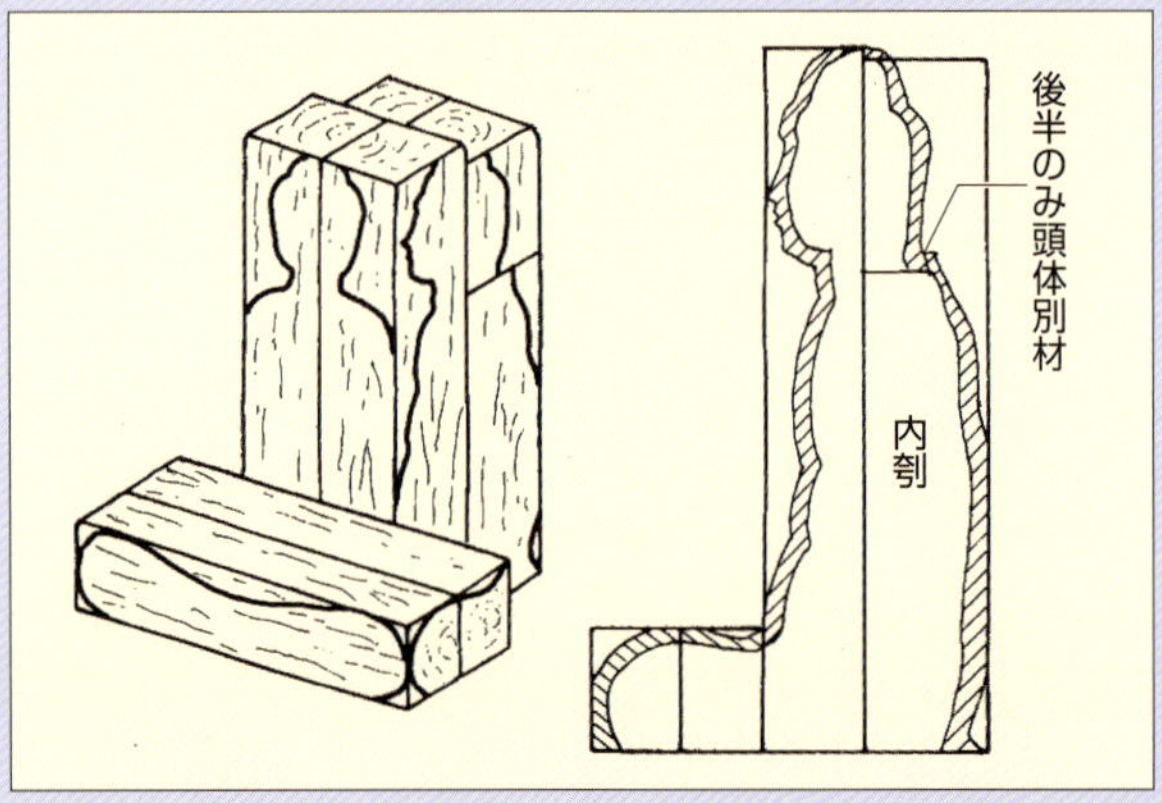

●一木造の代表例

薬師寺八幡《はちまん》三神像，神護寺《じんごじ》薬師如来《にょらい》像，室生寺《むろうじ》弥勒堂釈迦《みろくどうしゃか》如来像，東寺（教王護国寺）《とうじきょうおうごこくじ》講堂不動明王《こうどうふどうみょうおう》像，法華寺《ほっけじ》十一面観音像

●寄木造の代表例

平等院鳳凰堂阿弥陀《びょうどういんほうおうどうあみだ》如来像，法界寺《ほっかいじ》阿弥陀如来坐像

天平の彫刻　塑像と乾漆像

◆塑像の技法

塑像《そぞう》はインドや西域《さいいき》で古くからつくられており，中国では六朝《りくちょう》の頃(6世紀)から唐・宋時代にさかんにつくられた。塑土《そど》はほかの彫塑《ちょうそ》の材料に比べ脆弱《ぜいじゃく》であるため湿潤な気候の日本には適さず，限られた時代にしか用いられなかった。塑像の技法が日本へもたらされたのは7世紀で，現存するものでは680年頃に制作された当麻寺金堂《たいまでらこんどう》の弥勒《みろく》仏《ぶつ》坐像が最古の作例である。「塑」という語はこねる，ねやす，水と砂を加えて土をやわらかくするなどの意味をもっている。文字通り自由な象形が可能な塑像は7～8世紀に集中してつくられ，優れた作品がこの時代に多い。それは，写実的なこの時代の彫刻様式が材質の特性とよくマッチし，生かされた結果といえる。

塑像に耐久性をもたせるためには，心木《しんぎ》(骨組)や塑土に苆《すさ》を混ぜるなどの技法上の配慮が必要で，像の大きさや形によってさまざまな工夫がなされている。小像の場合の心木は比較的単純で，台座や像底の座板から一本の角柱を立てたり，人型風の大略の形を彫り出した心木を用いたりしている。等身以上の像になるとかなり複雑になるが，原則はあくまでも塑土を保持するためのものであって，形によってそれぞれ異なっており，角材を合理的に組み合わせるなどの工夫がなされている。なお，小像の両腕や等身以上の像の指先や天衣《てんね》などの細部には鉄心や銅心を用いることが多い。さらに大形の像になると，角材を組み合せた上に薄板で囲って像内を空洞にして像の重量を軽減する処置がとられている例もある。

これらの心木には塑土の付着を助けるため荒縄などが巻かれ，像の大小を問わず大略三層からなる塑土で像の形をつくり出している。塑土は荒土《あらつち》・中土《なかつち》・仕上土《しあげつち》の三層で，粒子の粗いものから細かいものへと順次盛りあげる。塑土に混入する苆は塑土の粘着力を増すためのもので，植物の繊維が用いられ，粗い土には粗い苆が，細かい土には細かい苆が用いられる。このような措置は像に耐久力をもたせるためのものである。

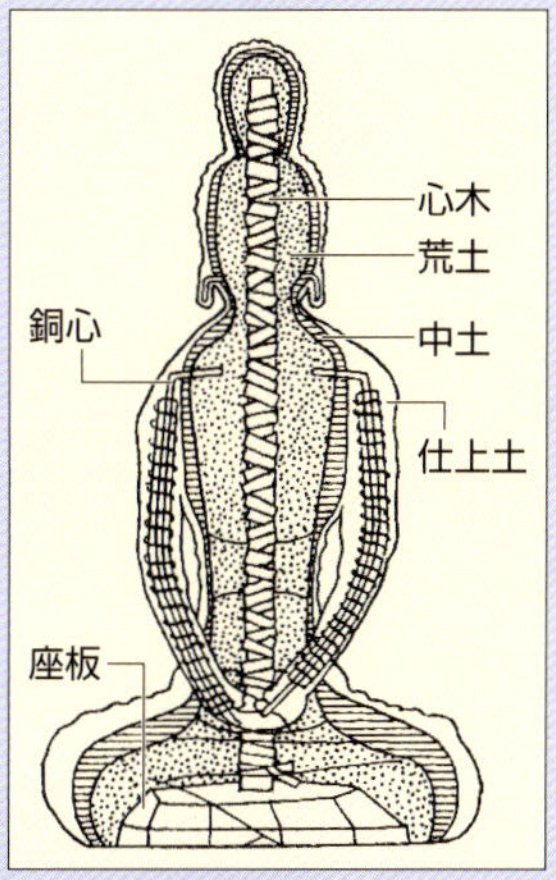

◆乾漆像の技法

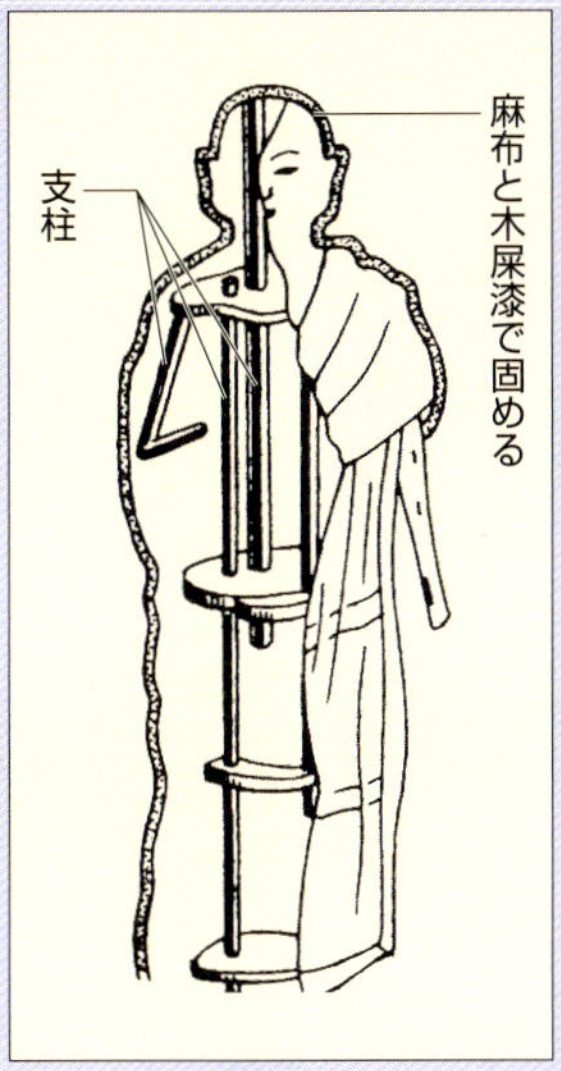

中国から伝えられた技法で，日本では白鳳《はくほう》時代から用いられ，天平《てんぴょう》時代には金銅仏にかわって彫塑の主要技法となり，法《ほっ》華堂《けどう》諸像や唐招提寺《とうしょうだいじ》金堂盧舎那仏《るしゃなぶつ》像のような優れた大作がつくられた。

乾漆《かんしつ》とは木屎漆《こくそうるし》(生漆《きうるし》に地ノ粉や抹香《まっこう》を混ぜたもの)が完全に乾燥したものをいう。脱活《だっかつ》乾漆の制作工程は，土で像の大体の形をつくり，これに麻布を漆で貼り重ねる。麻布の層は像の形や大きさで異なるが，薄いもので2層，厚いもので10層ほどである。漆が乾燥したあと，麻布の一部を切り開いたり，あるいは像の底から内部の土を取りのぞく。空洞となった像内は角材や板を入れて像の狂いを防ぐための心木を組み立て，切開部を麻糸や紐で縫い合わせて麻布の張子《はりこ》ができあがる。これに細部を乾漆(木屎漆)で塑形して像の形が完成する。最後に金箔《きんぱく》を貼ったり，彩色したりして仕上げるのは木彫像の場合と同様である。

脱活乾漆の技法はかなり複雑であり、高価な漆を大量に要した。そのため天平時代後半になると，像の原型を木彫でつくり，その上に麻布を漆で貼り固め，木屎漆で細部を整形した木心《もくしん》乾漆の技法が開発され，それがやがて木彫像へと移行していく。

聖林寺十一面観音像《しょうりんじじゅういちめんかんのんぞう》

国宝，木心乾漆造・漆箔，像高209.0cm，天平時代（8世紀）

二十六

十一面観音像の来歴

この像は、もとは大神神社《おおみわじんじゃ》である大神寺(のち大御輪寺《だいごりんじ》)の本尊であったが、明治時代の神仏分離《しんぶつぶんり》により寺が廃絶し、同じ桜井市にある聖林寺に移された。大神寺では天平宝字《てんぴょうほうじ》年間(七五七~七六五)の頃に文室真人浄三《ふんやのまひときよみ》(智努王《ちぬおう》)が経典《きょうてん》を講じたことが知られている。智努王は天武《てんむ》天皇の孫で、奈良時代、国家の造営・造寺事業で指導的な役割を果たした人物であることから、本像の造像にも関与した可能性が指摘されている。

その憂いをたたえた表情や、量感あふれる姿は美しく、明治時代、アメリカから来日した東洋美術史家フェノロサが賞賛したことから広く知られるようになった。

十一面観音像

立像は、天平時代後半から平安時代初期にかけてさかんにつくられた木心乾漆造《もくしんかんしつづくり》の作品である。像の主要部分の木心は、檜《ひのき》の一材をおおよそ像の形に彫刻し、これに両腕の木心を取りつけ、そのほかの細部の頭上の各面や指先・両腕からたれる天衣《てんね》などには鉄心《てっしん》を使っている。乾漆は一~三cmほどの厚さに盛り上げ、さらに表面は漆箔《うるしはく》としている。像を台座に立てた際の安定をはかるため、両足の裏から二本の角材を膝のあたりまで差し込み、足下に六〇cmほどの長さを出して台座に差し込んでいる。

すっきりとして均整のとれた美しいプロポーションをもち、顔や体軀の肉づけには乾漆独特のやわらかさがあって、張りのある肌の質感が遺憾なく表現されており、衣部も自然で、薄く流れるようなドレープがみごとに造形されている。天平時代前半に制作された薬《やく》師寺《しじ》薬師三尊《やくしさんぞん》像(第九図)・東大寺《とうだいじ》法華堂《ほっけどう》不空《ふくう》羂索《けんじゃく》観音像(第十六図)などの作品と比較すると人体表現がよりリアルになっており、天平時代後期の彫刻作品の一傾向を示すものといえる。現存する最古の木心乾漆像の一つで、日本彫刻史のなかで重要な位置を占める傑作である。

頭上の仏面や七個の菩薩《ぼさつ》面、天衣なども制作当時の形がそのまま残っており、持物《じもつ》も宝《ほう》瓶《びょう》の胴の部分や花茎《かけい》が古く、極めて保存状態が良い。なお、台座は六重の蓮花座《れんげざ》で、蓮肉《れんにく》と敷茄子《しきなす》が木心乾漆造、ほかは木造となっており、その大部分が当初のものである。光背《こうはい》は断片が別に保存されており、大振りな宝相《ほうそう》華唐草《げからくさ》を連ねた華麗な意匠であったことがわかる。

木心乾漆造

木心乾漆造の技法は、中国の遺品などからその影響によるとする説や、日本独特のものとする説があるが、いずれにせよ脱活乾漆像のもつ脆弱《ぜいじゃく》さや収縮による歪みを解消するために開発された技法といえる。天平時代の後半にもっとも多くつくられ、平安時代前期(九世紀)にまでおよんでいる。

十一面観音信仰

日本では仏教伝来以降、時代を通じてさかんに観音菩薩が信仰されてきた。観音菩薩は人々を教化《きょうげ》救済《きゅうさい》するため、いろいろな姿に変化《へんげ》してあらわれるといわれ、日本では八世紀に入って不空羂索観音・千手《せんじゅ》観音・十一面観音など、多くの変化観音がつくられた。なかでも十一面観音への信仰はあつく、長谷寺《はせでら》・東大寺二月堂など特定の寺院や堂宇《どうう》の本尊が独自の信仰を集める例も少なくなく、もっとも親しみ深い仏像といえる。

十一面観音は、バラモン教の十一面荒神に由来するといわれる。髻《もとどり》の頂上に仏の面相をつけ、髻の周囲の頭髪上の正面に慈悲相を三面、左に瞋怒《しんぬ》相(眼をいからせて怒る表情)を三面、狗牙上出《くげじょうしつ》相(牙を出して怒る相)を三面、後ろに大笑《だいしょう》相(口をあけて笑う相)を一面とする計一〇面をつけており、この観音の一〇種の功徳と四種の果報を授けるという誓願を象徴している。

頭部の化仏

神護寺薬師如来像《じんごじやくしにょらいぞう》

国宝, 木造・檀色, 像高170.6cm, 平安時代前期

二十七

平安前期一木彫の成立

平安時代前期の彫刻は、前代の天平《てんぴょう》彫刻に比べ、材質・技法はもとより様式においても大きく変化する。すなわち材質・技法的には、それまでさかんだった金銅仏の鋳造《ちゅうぞう》や塑《そ》造《ぞう》・脱活乾漆造《だっかつかんしつづくり》などが急速に影をひそめ、一《いち》木《ぼく》造の木彫に集約されていく。他方、様式的には、天平彫刻のような人体の写実性豊かな表現や、古典的で静かなまとまりを見せる傾向とは異なり、ボリューム感や動きを極端に誇張したり、表情もおごそかで密教《みっきょう》的呪術性に満ちたものとするなど、いわば反古典主義的とも名づけられる独特の表現を示していく。翻波式衣文《ほんばしきえもん》に代表される鋭い彫法の魅力が指摘されるのも、この時期の特徴である。

時代背景としても、東大寺《とうだいじ》大仏の造立以後における律令財政の破綻や、続く道鏡《どうきょう》時代の腐敗した僧綱《そうごう》政治への反省などから、光仁《こうにん》〜桓武《かんむ》天皇の時代には、実質上、大寺の建設はさしひかえられ、銅や漆《うるし》のような高価で複雑な作業工程をともなう造像もやがておこなわれなくなる。一方で仏像自体にも、宗教本来の真摯《しんし》な精神性が求められてくる。このような条件のなかで、日本人の固有な感覚にマッチした木による造形が一般的となるのは、むしろ時代の要請ともみなされる。

神護寺と本尊薬師如来像

本像は、和気清麻呂《わけのきよまろ》が八世紀末(七九三年頃まで)に創建した神願寺《じんがんじ》の元本尊で、のち八二四(天長《てんちょう》元)年に神願寺が現在の地に移って高雄山寺《たかおさんじ》(和気氏の氏寺《うじでら》)と合併し、神護寺と名を改めた際も、そのまま本尊に迎えられて今日にいたっている。

頭から台座の一部までを榧《かや》の一木から彫り出しており、木心を体軀の中心にすえるが、内刳《うちぐり》はほどこさない。一木の木取りからはみ出す両腕の肘先に別材(現在のものはのちに補ったもの)を矧《は》ぐ。表面の仕上げはほとんど素地に見えるが、実際は像全体に薄く黄白色の彩色をほどこしている。この彩色は、本来仏像に好ましい材料として尊ばれる白檀《びゃくだん》の色に擬したものである。従来、素木《しらき》像といわれていたものには、この檀色仕上げの像が少なくない。初め各種観音《かんのん》や薬師如来など、一部の限られた像種にのみ、彩色がおこなわれたが、九世紀後半に入るとそうした区別も曖昧となる。

像の造形的特色は、なによりもその森厳《しんげん》な相貌にあり、重量感あふれる体軀の肉取りや股間に流れるU字形衣文、そしてそれら一つ一つの形を決める鑿《のみ》の鋭い彫り口もみごとである。数多い平安時代前期の一木彫像のなかで本像はもっとも早い頃の作例であり、かつその諸特質を存分に備えた秀作の一つである。

なお、このような榧材を中心とする一木彫像の成立には、中国における白檀の代用材としての栢《ぱく》(ビャクシンのこと)の採用が前提となり、日本では栢に似た榧が選ばれたとも推定されている。

道鏡事件と神護寺

七六九(神護景雲《けいうん》三)年、後胤《こういん》なき女性天皇である称徳《しょうとく》天皇は、「道鏡を天皇とすれば天下は太平となるであろう」という宇佐《うさ》八幡託宣《はちまんたくせん》の奏上を受けた。もちろん、これは道鏡一派の策謀にほかならなかったが、天皇は、自ら敬愛する道鏡のことでもあり、その神託を信じて彼に皇位を譲ろうと真剣に考え始めた。当時、天皇の側近に侍して信頼を得ていた和気広虫《ひろむし》(法均尼《ほうきんに》)を通じ、弟の清麻呂を勅使として宇佐八幡へ派遣した。九州から戻った清麻呂の報告は、天皇の希望に反し「さきのことは大神の御命《みこと》にあらず」との内容であった。激怒した天皇は、これを清麻呂の妄言と決めつけ、姉の広虫ともども流刑《るけい》に処す結果となった。しかしこの間、藤原氏をはじめとする批判勢力の動きも明らかとなり、道鏡への譲位は断念を余儀なくされたのである。

以上が有名な道鏡事件の大要であるが、このとき清麻呂に対する宇佐八幡神の願い——一切経《いっさいきょう》および仏像を写造し、最勝王《さいしょうおう》経《きょう》一万巻を読み唱えて一伽藍《がらん》を建立させよとの内容——を受けて、清麻呂が復位したのちに建てられた寺が神護寺である。その本尊に薬師如来が選ばれた理由には、すでに亡き道鏡の怨霊《おんりょう》に対する調伏《ちょうぶく》の意味合いも含まれている。

観心寺如意輪観音像《かんしんじにょいりんかんのんぞう》

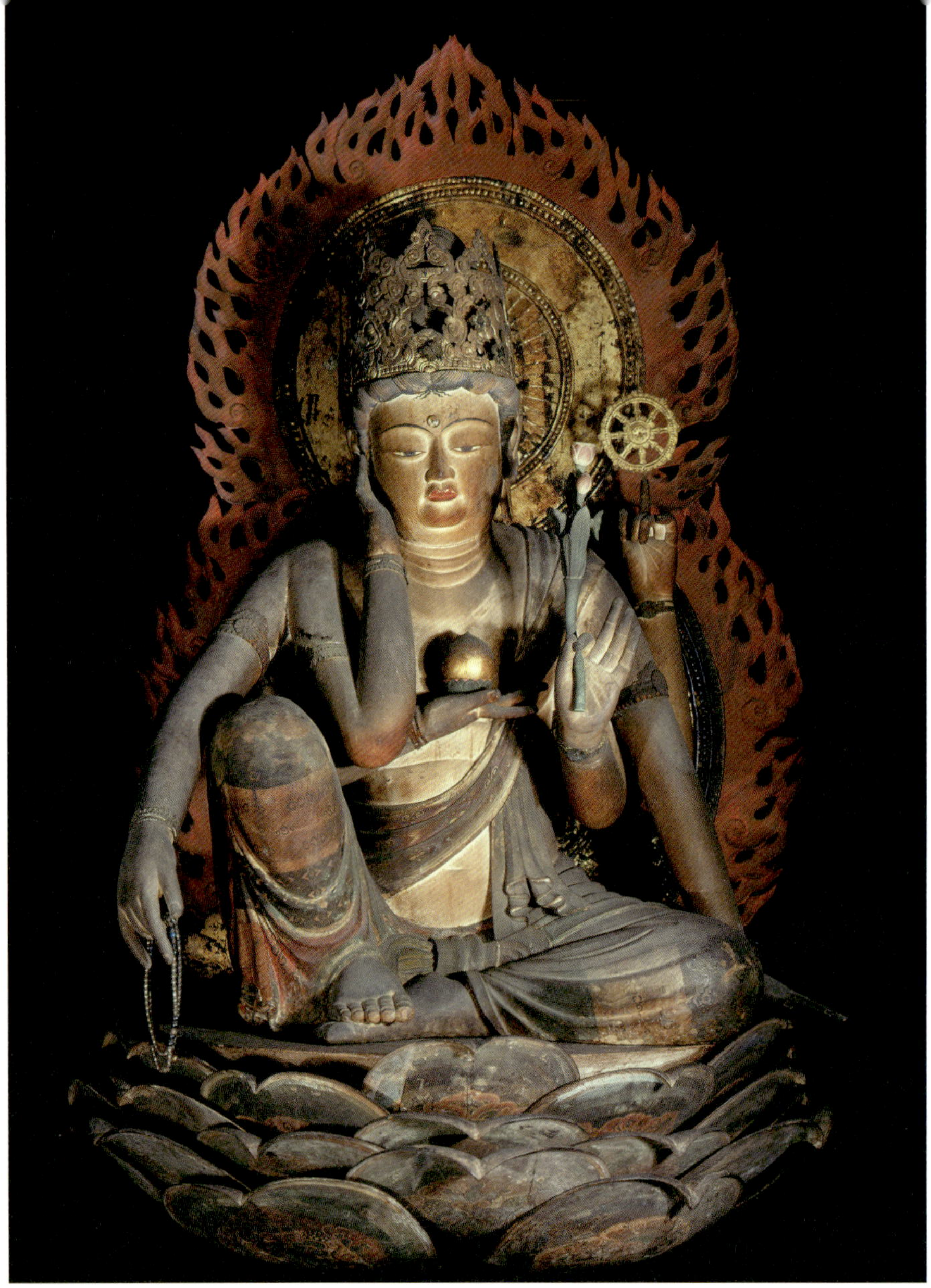

国宝，木造・彩色，像高109.4㎝，平安時代（9世紀）

金剛虚空蔵菩薩像（五大虚空蔵菩薩のうちの1体）神護寺，国宝，木造，像高101.4㎝，平安時代（9世紀）

二十八

観心寺の創建と如意輪観音像の成立

観心寺は、空海《くうかい》の孫弟子にあたる真紹《しんじょう》が、八二〇年代後半に南河内《みなみかわち》山中の現在地に居住して開いた真言密教《しんごんみっきょう》寺院である。八六九(貞《じょう》観《がん》十一)年に定額寺《じょうがくじ》(朝廷から官額を賜わった官寺の一種)となるが、この頃、山中には多数の僧徒が集い、読経《どきょう》の声も絶えない活況を呈したと伝えられる。

本尊の如意輪観音像は、八八三(元慶《がんぎょう》七)年にまとめられた『観心寺勘録縁起資財帳《かんろくえんぎしざいちょう》』の講堂《こうどう》条に、「綵色《さいしき》如意輪菩薩《ぼさつ》像」と記されており、弘法大師自刻《こうぼうだいしじこく》の霊像《れいぞう》と伝えられ、尊ばれてきた。

また、『資財帳』によれば、本寺に「嵯峨《さが》院太皇太后(橘《たちばなの》嘉智子《かちこ》)御願堂」が存在したことも知られる。この建物を講堂《こうどう》にあてる説もあるが、少なくとも当時の宮廷内に絶大な権力を誇った檀林《だんりん》皇后橘嘉智子が、本寺の創建と密接なつながりをもつのは確かである。

そして本像が、神護寺《じんごじ》五大虚空蔵《こくぞう》菩薩像や広隆寺《こうりゅうじ》講堂阿弥陀如来《あみだにょらい》坐像など、真言密教系僧侶に対する宮廷の援助により成立した諸像と一連の作風を示すことも含めて、その造立になんらかの形で橘嘉智子が関与した可能性も無視できない。

如意輪観音像の形と技法

像容は、肉感的とも艶麗《えんれい》ともいわれるように、一見、女性的な神秘さをたたえているが、造形的には骨太で、奥行のある重量感に支えられている。口元がこじんまりとし、上瞼を直線的に切る顔貌は曼荼羅《まんだら》に描かれた尊像《そんぞう》に見られるもので、九世紀前半から半ばにかけて真言密教系寺院を中心に制作された仏像に共通するものである。しかし、最近ではその作風が密教尊像に限らないことも明らかとなっており、むしろ「宮廷を背景とした造像」に典型的なものともみなされる。その意味では当時、真言密教寺院ならびに宮廷周辺の造像にたずさわった一群の中央仏師の存在も想定される。

像は榧材《かや》の一木《いちぼく》からその中心部を彫り出し、木取りからはみ出す各腕の肘から先や両膝頭などに別材を矧《は》ぎ、内刳《うちぐり》をほどこす。表面全体に木屎漆《こくそうるし》を盛って形を整え、その上に彩色仕上げをおこなうが、長く秘仏であったため保存状態は極めて良く、色も鮮やかに残っている。顔料も高価なものをふんだんに用い、密教的な文様や暈繝《うんげん》彩色を各所にあしらう。また木製透彫《すかしぼり》の宝冠や台座も贅《ぜい》をこらしたもので、とくに台座の蓮弁に描かれた華やかな文様は、当時の絵画資料としても貴重であり、像の艶《あで》やかさをいっそう引き立てている。光背《こうはい》は二重円相部が古いが、火焔《かえん》部は江戸時代の後補である。

なお本像は、一九五五(昭和三十)年に侵入者によって右第三手と左第二手などをもぎとられて燃やされるという災難に遭っており、その部分は現在新たに補われている。

阿弥陀如来坐像　広隆寺, 国宝, 木造, 像高264.0cm, 平安時代(9世紀)

如意輪観音

如意輪観音の如意は如意宝珠《ほうじゅ》を、輪は法《ほう》輪《りん》を意味し、この如意輪をもって衆生《しゅじょう》の苦しみを除き、利益を与えてくれるという福徳に満ちた観音像である。変化《へんげ》観音の一つとして六観音中に組み込まれ、日本でも八世紀以降さかんに信仰された。

奈良時代の頃は二臂の像が一般的であったが、平安時代に入ると両界《りょうかい》曼荼羅などの影響で六臂《ひ》の像が多くつくられるようになる。

観心寺の如意輪観音像はその後者の代表的な作品で、六本の手は六道または六観音をあらわすとみなされる。

法華寺十一面観音像《ほっけじじゅういちめんかんのんぞう》

国宝，木造・檀色，像高100.0㎝，平安時代（9世紀）

二十九

法華寺の成立

七四五(天平《てんぴょう》十七)年に聖武《しょうむ》天皇が平城京《へいじょうきょう》へと都を戻したのち、光明《こうみょう》皇后は父藤原不《ふ》比等《ひと》の旧宅を皇后宮とし、さらに寺院に転じて宮寺とした。これが法華寺の始まりである。還都にともない、すでに甲賀寺《こうがじ》で始められていた大仏造立も一時中断、東大寺《とうだいじ》に場所を移して再開されることになる。やがて東大寺が総国分寺《こくぶんじ》にあてられたのに対し、本寺は総国《こく》分尼寺《ぶんにじ》に定められた。法華寺(正式には法華滅罪之寺《めつざいのてら》)の名称は、本寺が大和の国分尼寺であることを示している。

法華寺の造営は、七四五年以降、大規模におこなわれたと考えられるが、その具体的な経緯はあまり明らかではない。ただ、鎌倉時代に金堂の本尊の下から発見されたとされる「金版《きんばん》」(現在は所在不明)の銘から、七五九(天平宝字《ほうじ》三)年頃に金堂を中心とする伽藍《がらん》が完成していたことは確かである。また同じ頃、光明皇后自身の極楽への往生を願って建てた阿弥陀浄土院も、近年の発掘でこの法華寺伽藍に隣接していたことが確認されている。

十一面観音像について

本像は、光明皇后の御影《みえい》とされ、また唐人の所望によってつくられたとも、インド渡来の仏師である問答師《もんどうし》が皇后の姿を写したとも伝えられている。しかしその実際の制作年代は、作風から九世紀前半をさかのぼらない平安時代初期の像とみなされる。十三世紀後半の記録によれば、当時、本像は金堂本尊の背後に安置されていたといわれ、十四世紀初め頃には講堂《こうどう》に移されていたことも明らかである。

像は頭上に十一面をいただき、左手には水瓶《すいびょう》をもってその重心を左足にかけ、右足をわずかに前へ踏み出す通形の十一面観音である。右手が膝まで届くほど長くあらわされるのも、人々をあまねく救済するため手をさしのべる観音の徳相の一つとみなされる。

髻頂《けいちょう》から台座蓮肉《れんにく》にいたる榧《かや》材の一木造《いちぼくづくり》で、後頭部に小さな刳《く》りを設け、経巻《きょうかん》などをおさめた形跡もある。頭上の各面や両手、条帛《じょうはく》の一部、天衣《てんね》の右手指にかかる部分の外側などに別材を矧《は》いでいる。仕上げは頭髪や眉・目・唇に少し色をさすのみで、ほとんど素地に近いが、表面に薄く黄色の彩色(檀色《だんじき》)をほどこした可能性も強い。すなわち檀像(檀木を用いてつくった仏像)仕立ての像で、特徴的な点は肩に流れる垂髪《すいはつ》や天冠台《てんかんだい》、さらには黒目の部分などに銅板を用いている点である。今日、黒目に銅板を嵌入《かんにゅう》する例はほかに見られないが、九世紀の像(例えば仁和寺阿弥陀三尊像の脇侍の観音・勢至菩薩など)で部分的に銅製透彫《すかしぼり》の付属品をともなうものは多く、中国伝来の技法とも考えられる。

台座も当初の安定感に満ちた瀟洒《しょうしゃ》なものである(光背《こうはい》は後補)。

法華寺十一面観音像のモデル

法華寺の十一面観音像が光明皇后の御影であるという伝承は、本寺が光明子と深い因縁をもつことから生まれた後世の仮託ではあるものの、根強く支持されてきた説である。

一方、本像が制作された九世紀前半の頃、本寺と関わりをもった重要な人物に嵯峨《さが》天皇の皇后である橘《たちばな》嘉智子《かちこ》(檀林《だんりん》皇后)がいる。彼女が崩じたことを伝える『日本文徳《もんとく》天皇実録』の八五〇(嘉祥《かしょう》三)年五月条には、次のようなことが記されている。

すなわち、彼女は幼少の頃、法華寺の尼僧より、やがて天子および皇后の母となるべき人物であると予言されたこと、のちに皇后となってからその尼僧を訪ねたときには、すでに尼は亡くなっていたこと、また后の人となりは寛和で、その風姿は手が膝まで届き、髪は地につくほど長く、見る人をして驚かさずにはおかぬ絶異なものであったこと、などである。

以上の内容は、本像がむしろ、橘嘉智子の御影ではなかったかと思わせるものがある。

奈良県宇陀市室生，国宝，桁行五間・梁間四間，正面一間通り庇付，一重，入母屋造，庇葺おろし，杮葺，平安時代(9世紀中頃)

室生寺金堂

むろうじこんどう

三十

山岳寺院

室生寺は奈良県宇陀《うだ》市の奥深い山中に所在し、近くには龍穴《りゅうけつ》神を祀る祠《ほこら》がある。縁起文によると、聖武《しょうむ》天皇が東宮であったとき、興《こう》福寺《ふくじ》の僧賢璟《けんけい》が天皇の病気平癒を龍神に祈願して効験があったので、ここに寺を建立したという。賢璟は七九三(延暦《えんりゃく》十二)年に八〇歳で死去したので、奈良時代末のことである。

奈良時代には、平城京《へいじょうきょう》に大小の寺院が建立されたが、僧侶たちは山岳においても修行をすることが少なくなかった。僧侶の求める験力が山中の修行で獲得できると考えられていたからである。最澄《さいちょう》や空海《くうかい》は若き頃、山中で修行を開始し、やがて中国にわたって新しい仏教をもたらして、天台《てんだい》・真言《しんごん》両宗を開いたが、それ以前からの修行方法を継承したのである。

室生寺は賢璟の死後、弟子の興福寺の僧修円《しゅうえん》によって整備された。修円は最澄とも親しく、また空海の弟子真泰《しんたい》も当寺に滞在したという。

日本的仏堂

金堂の創設は九世紀の中頃とみられる。鎌倉時代には根本堂もしくは本堂といわれていたようで、近世では薬師堂《やくしどう》と呼ばれた。

正面五間、奥行四間の正堂があり、その前面に孫庇《まごびさし》を葺きおろして、ここを礼堂《らいどう》とした形式である。現在の礼堂は一六七二(寛文《かんぶん》十二)年の再建であるが、礼堂は鎌倉時代にはあり、さらにさかのぼって平安時代から存在していた可能性もある。京都の広隆寺《こうりゅうじ》などでも金堂の前方に庇を葺きおろして礼堂としており、平安時代初期には、このような形式の仏堂が各地で誕生していた。仏堂内部はもともと土間であり、新しい礼堂は板敷だった。礼堂が板敷であるのは、おそらく、僧侶・俗人が数日間にわたって参籠して、仏からの霊験を夢《ゆめ》見《み》するための施設として発生したからである。すなわち礼拝者の長時間滞在を可能にするために住宅的な一画が仏堂に付加されたのである。

山中修行の場には、平城京の平地伽藍《がらん》の華々しさは不要であり、建築材料も手近に得られるものを使っている。この金堂は、礼堂が設けられていること、材料が手近なもの、という点において、日本化した仏堂のもっとも古いものの一つと考えることができる。

まず、屋根は薄い板を葺く柿《こけら》葺である。現在は正堂が寄棟造《よせむねづくり》で前方に礼堂を葺きおろすのだが、正堂は元来は入母屋《いりもや》造であった。堂内は、正堂中央部に天井が張ってあるが、元来は内部すべてが屋根をつくる垂木《たるき》を見せた化粧屋根裏だった。組物は大斗肘木《だいとひじき》でもっとも簡素な形式である。堂内は低い板敷とし、壁も板壁にする。とくに屋根が瓦でないこと、壁が土壁でなく、木質系材料を使っていることに特徴がある。

金堂の仏像 釈迦如来像と十一面観音像

●釈迦如来像

平安時代初期の作で、榧《かや》の一木《いちぼく》造。金堂の本尊で本来薬師如来《やくしにょらい》として制作された。体をおおう朱色の衣には、奈良時代後期以来の仏像にほどこされた翻波《ほんぱ》式《しき》とはやや異なる漣波《れんぱ》式の表現が見られる。

●十一面観音像

本尊の釈迦《しゃか》如来像と同様、平安時代初期の制作で、榧の一木造である。木の特徴を生かした衣文《えもん》など、本尊と並んで室生寺様といわれる独特の作風が認められる。

十一面観音像 室生寺，国宝，木造，像高196.2 cm，平安時代(9世紀)

釈迦如来像 室生寺，国宝，木造，像高234.8 cm，平安時代(9世紀)

図3　東大寺不空羂索観音像　国宝

図4　神護寺薬師如来像　国宝

図5　平等院鳳凰堂阿弥陀如来像　国宝

図6　東大寺重源上人像　国宝

仏像の衣文

日本の仏像は，飛鳥《あすか》・白鳳《はくほう》・天平《てんぴょう》・平安《へいあん》前期・平安後期・鎌倉《かまくら》の順に各時代の様式を確立し，それぞれの時代に特有の表現を示していく。そのなかで仏像の衣文《えもん》の表現も，当然のことながら時代ごとの特色をもち，伝来不明な仏像の年代を定める手がかりともなる。

飛鳥時代の仏像の衣文は，木彫の場合でも金属的な感覚が優先し，象徴的な表現がとられる(図1)。白鳳時代は仏像全体の表現に捻塑《ねんそ》的ともいわれる感覚が芽生えるときで，衣文もそれにそってやわらかく，かつ線的な表現を見せる(図2)。天平時代の仏像は，写実的感覚を基調としながら，それをより理想的な形態へと高めてゆこうとする傾向が顕著で，衣文においても一つの古典的なまとまりが実現している(図3)。平安時代前期は，針葉樹による日本的な木彫表現が極限にまで追求された時代であり，衣文もそれを象徴するように鋭く鎬《しのぎ》立っている(図4)。平安後期には大仏師定朝《じょうちょう》があらわれ，円満な表情を旨とする独特の和様の世界が形成される。衣文も柔軟で浅く表現される(図5)。鎌倉時代は天平復古ともいわれるように写実主義が復活した時代である。一方，武士が台頭するときでもあり，その荒々しい活力は仏像の表現にも影響し，天平時代とは異なった，よりリアルで生々しい現実感が求められた。衣文も実際のそれに即し，かつ動きがある(図6)。

図1　法隆寺百済観音像　国宝

図2　深大寺釈迦如来像　国宝

東寺《とうじ》（教王護国寺《きょうおうごこくじ》）講堂不動明王像《こうどうふどうみょうおうぞう》

国宝，木造・彩色，像高175.1㎝，平安時代（844年）

三十一

東寺講堂諸尊の成立

七九四(延暦《えんりゃく》十三)年の平安遷都後まもなく、朱雀《すざく》大路の南端、羅城《らじょう》門を間にはさんだ東西の場所に、それぞれ左右の京城鎮護の役割を担う東寺と西寺《さいじ》が建立された。この時点で東寺は、まだ薬師如来《やくしにょらい》を本尊とする顕《けん》教《ぎょう》寺院であった。八二三(弘仁《こうにん》十四)年十月に、真言《しんごん》僧五〇人の住寺《じゅうじ》が認められた一方、他宗僧の住寺は禁じられ、文字通り真言宗寺院としての東寺が成立する。

造東寺別当《べっとう》に任じられた空海《くうかい》が、まず最初に着手したのは講堂の建設である。そこには、真言密教《みっきょう》の教義を視覚的にあらわす、空海独自の構想による曼荼羅《まんだら》的造像がもくろまれた。

講堂の諸尊は八三三(天長《てんちょう》十)年、仁明《にんみょう》天皇の病気平癒《へいゆ》を祈って発願《ほつがん》された。完成は八三五(承和《じょうわ》二)年の空海の没後、従来は『続日《しょくに》本後紀《ほんこうき》』により、八三九(承和六)年六月に開《かい》眼供養《げんくよう》がおこなわれたと考えられていたが、これは『続日本後紀』の誤りで、実際には八四四(承和十一)年六月のことであったとみられる。

不動明王像について

東寺講堂内の諸尊は、壇の中央に五仏、その左に五菩薩《ぼさつ》、右に五大明王像、左右両端に梵天《ぼんてん》・帝釈天《たいしゃくてん》、四隅に四天王の計二十一体で構成される。不動明王を中尊とする五大明王像は、五大尊あるいは五忿怒《ふんぬ》とも呼ばれ、その激しい怒りをあらわにした像容で諸悪を降伏する功力をもつ。なかでも不動明王は梵名をアチャラナータ、すなわち「動かないもの の守護者」といい、山の守護神にその起源が求められる。仏教では大日《だいにち》如来の使者となり、真言行者を守護し、一切の障害を除くと説かれる。

東寺講堂の五大明王像は、空海が唐から請来した新図像をもとに造立した日本で最古の五大明王である。中尊不動明王は、右手に剣、左手に羂索を握り、舟形の火焔光を背にして瑟々座《しつしつざ》上に結跏趺坐《けっかふざ》する。その左耳前に弁髪《べんぱつ》を束ねて肩へとたらし、両眼を見開き上歯で下唇を噛む形は、以後、真言系不動明王の特色として長く踏襲されていく。

本像の作風には、平安時代初期の一木《いちぼく》彫像に共通する、体軀にみなぎる量感に加え、図像に定められた形態を無難にまとめる手際のよさも認められる。こうした図像を意識した傾向はほかの四体の明王像にも顕著で、部分的にややぎこちなさは残るにせよ、総じてこの五大明王は講堂諸尊中でもっとも熟練の技を感じさせるものといえる。

持国天像　東寺講堂, 国宝, 木造, 像高187.7cm, 平安時代(9世紀)

東寺講堂内の諸仏

講堂内の諸仏のうち、当初の姿を残すのは五菩薩中の四体、五大明王像、梵天・帝釈天、四天王の全一五体であるが、いずれも大なり小なり平安・鎌倉・桃山などの修理をへて今日にいたっている。

このうちとくに注目されるのは、一一九七(建久《けんきゅう》八)年に文覚上人《もんがくしょうにん》の勧進《かんじん》でおこなわれた修理である。大仏師運慶《うんけい》が数十人の小仏師を率いて作業にあたり、その際、仏像の体内から仏舎利《ぶっしゃり》などが発見されている。

当初からの諸尊はすべて一木造で、部分的に木屎漆《こくそうるし》を併用して仕上げられている。材質は針葉樹(榧《かや》か)で、また四天王中の持《じ》国天《こくてん》や増長天《ぞうちょうてん》には濃密な彩色も残っている。作風は五菩薩、五大明王像、梵天・帝釈天、四天王のそれぞれのグループごとに少しずつ趣を異にしており、いくつかの仏師集団の存在がうかがわれる。いずれにせよその安定した彫技は、平安時代初期の一木造の様式が一つの円熟期に差しかかったことを意味している。

東寺《とうじ》（教王護国寺《きょうおうごこくじ》）両界曼荼羅《りょうかいまんだら》（胎蔵界曼荼羅《たいぞうかいまんだら》）

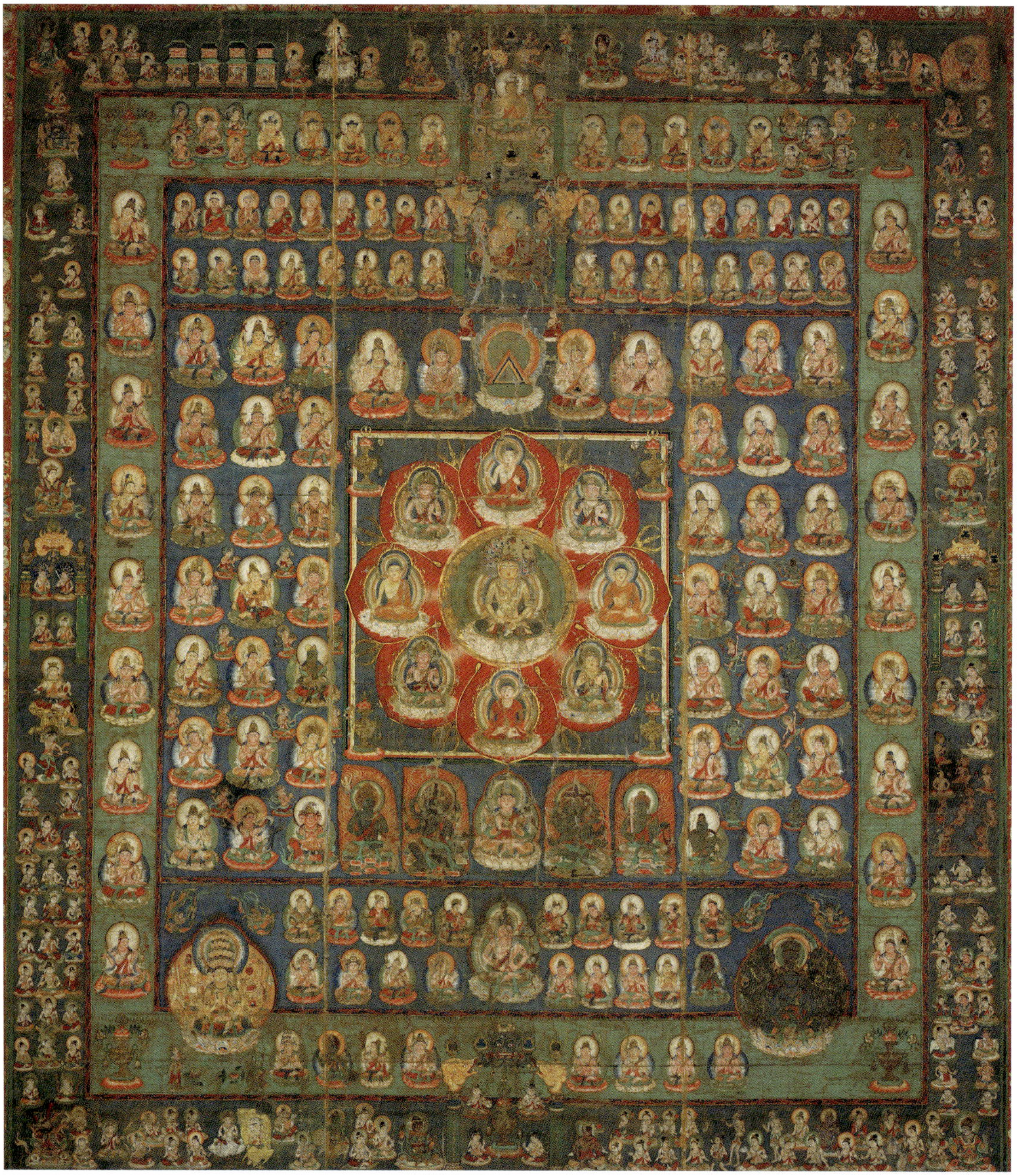

国宝, 絹本著色, 縦183.0cm・横154.0cm, 平安時代(9世紀後半)

三十二

伝真言院曼荼羅

本図は、九世紀初頭、唐において密教《みっきょう》を体系的に学んだ空海《くうかい》(七七四〜八三五)が活躍した時期より半世紀後の九世紀末頃の作で、彩色の両界曼荼羅としては現存最古の作例である。毎年正月八日から宮中の真言院《しんごんいん》でおこなわれた後七日御修法《ごしちにちみしほ》に用いられたという伝承から、伝真言院曼荼羅と呼ばれている。

諸尊のまるい顔に切れ長の大きな目、眉間《みけん》で連なっている濃い眉、濃い肌色を多用した肉身の陰影表現(暈取り《くまどり》)といった点は、中国西部や西域地方の美術に近い特色を示しており、密教が中国にもたらされるにいたるまでの、西方やインドの美術と文化の香りを感じさせる。さらに、当時としては高価であった青い絵の具や金箔《きんぱく》がふんだんに使われていることから、本図の制作に身分の高い人が関与していた可能性が高い。密教美術の迫力を彩色の面から伝える優れた作品である。

両界曼荼羅とは

曼荼羅は、サンスクリット語のmandalaを漢字の音であらわしたもので、本来「悟りの境地に達する」ことを意味する。日本では密教の世界観を象徴的に構図化したものを指し、密教の主尊である大日如来《だいにちにょらい》を中心に多くの像を一定の秩序に従って配置している。

両界曼荼羅という名称は、胎蔵界曼荼羅と金剛界《こんごうかい》曼荼羅の二図で一組をなす画像に対する総称である。この二図は、密教寺院の本堂内部中央に東西に離れて、すなわち本堂の本尊から見て左に胎蔵界、右に金剛界という位置に、向かい合わせにかけられる。いずれも大日如来を主尊として、多数の諸尊を、胎蔵界は一二の区画、金剛界は九の区画のなかに整然と描き並べる。

両者は別々に成立し、構成の点で幾多の変遷をへてさまざまな形式に展開してきた。それを一対の画像という形にまとめたのは、空海の師の恵果《けいか》であったと推測されている。

胎蔵界曼荼羅

本図は胎蔵界曼荼羅の全図である。胎蔵界曼荼羅は、本尊大日如来の菩提心《ぼだいしん》(至高の悟りを求めて修行する心)が大悲《だいひ》(人生の苦痛に対する思いやり)を起こし、大悲によって教《きょう》化救済《げきゅうさい》のあらゆる行為がなされてゆく意味を表現する。いわば大日如来の深い慈悲の心の境地を示すものである。中央に大日如来を描く中台八葉院《ちゅうだいはちよういん》を中心に十二院が描かれる。中台を取り囲む第一重と第二重には悟りに到着するために不可欠な精神の姿勢を示し、外側の外金剛部院《げこんごうぶいん》(最外院《さいげいん》)には仏教以外のインドの神々が、仏法を守る仏像として描かれている。

東寺(教王護国寺)**両界曼荼羅**(金剛界)
国宝，絹本著色，縦183.0㎝・横154.0㎝，
平安時代(9世紀後半)

金剛界曼荼羅

金剛界曼荼羅は、胎蔵界曼荼羅に示された大日如来の心の境地へ到達するまでの心と修行の実践の過程を示している。画面は、縦横とも三つずつ九会《え》に分けられる。中心となるのは、位置も中央の成身会《じょうじんえ》である。中心成身会中央に大日如来の円があり、それに接して四方に阿閦《あしゅく》・宝生《ほうしょう》・無量寿《むりょうじゅ》・不空成就《ふくうじょうじゅ》の四如来の小円が、大日如来の下から右回りに配置される。五つの小円には、如来を取り巻いて、それぞれ四尊の菩薩が配される。これらの如来と菩薩は、いずれも煩悩《ぼんのう》を打ち砕いて慈悲の心があらわれ、菩提心が磨かれてゆくことを示す。第二重には千仏《せんぶつ》が忠実に描かれる。下半の六会は、成身会にのみ千仏が描かれる以外は、まったく同じ構成で諸尊が配置される。上段中央は大日如来一尊が描かれる一印会《いちいんえ》、その左は、左下方の四会を要約したといえる四印会《しいんえ》、右は煩悩の欲を悟りへの大欲に転化させるという理趣会《りしゅえ》が描かれる。

これほど、多数描かれた諸尊も、すべて大日如来の分身であり、大日如来の働きが各尊像の姿となって表現されたものである。

薬師寺八幡三神像《やくしじはちまんさんしんぞう》

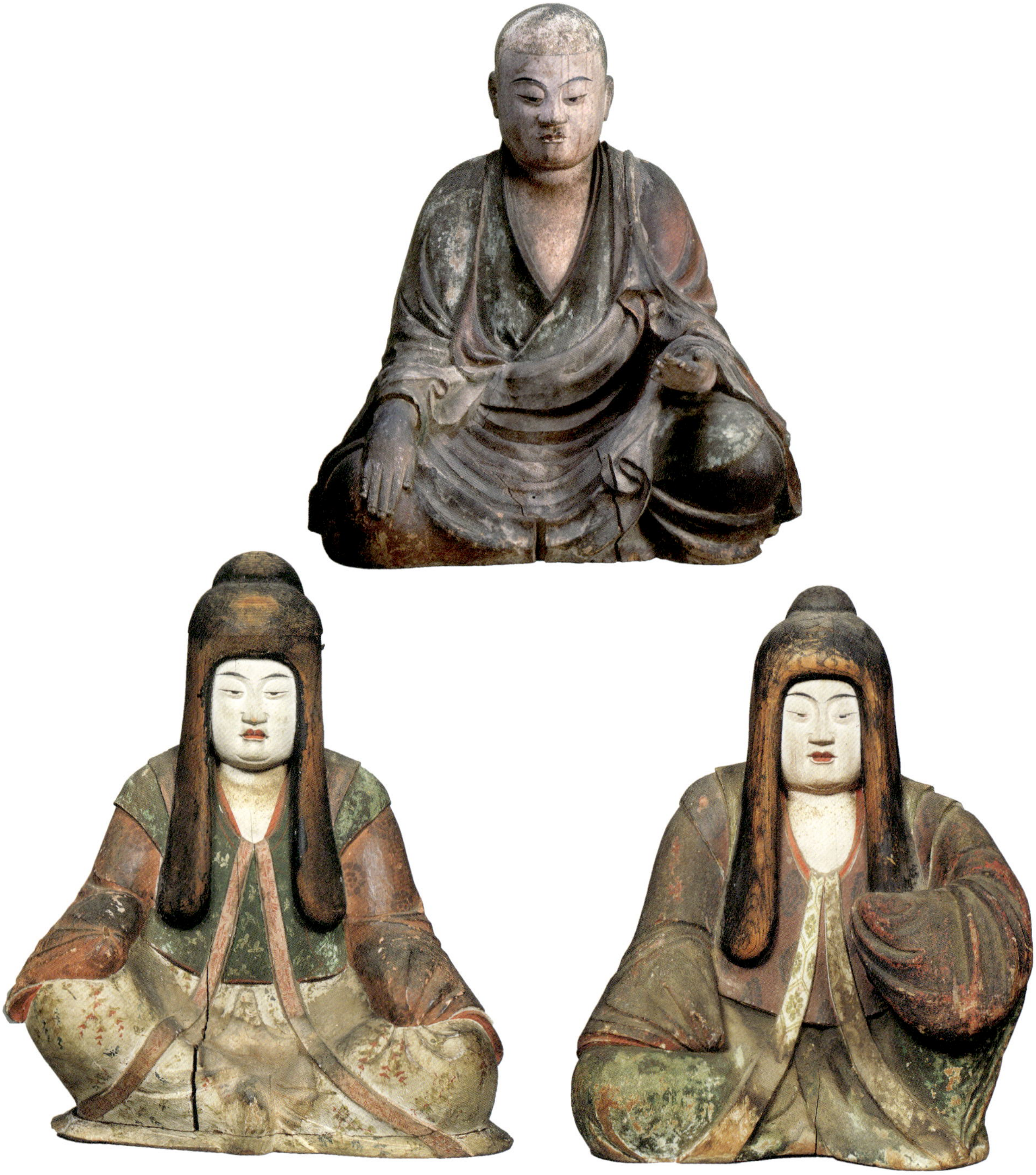

国宝，木造・彩色，
僧形八幡神（上段），像高38.8cm，
神功皇后（下段右），像高33.9cm，
仲津姫（下段左），像高36.8cm，平安時代（9世紀）

三十三

神像の出現

奈良時代に入ると仏教の地方浸透の輪は広がり、各地の固有の神々との習合がさかんとなる。この頃、仏・菩薩が人々を救済するため、種々の神の姿を借りてあらわれるという本地垂迹《ほんじすいじゃく》の思想も生まれ、神前読経《しんぜんどきょう》がおこなわれると同時に、神社のなかには神宮寺《じんぐうじ》が、寺域には鎮守社《ちんじゅしゃ》が建てられるようになる。そして仏像の影響により、神像の制作もしだいにおこなわれ始めたと考えられる。

薬師寺八幡三神像について

この三神像は、薬師寺別当栄紹《べっとうえいしょう》が寛平《かんぴょう》年間(八八九～八九八)に勧請《かんじょう》して同寺の鎮守と定めた休ヶ岡《やすみがおか》八幡宮の御神体である。男神の僧形《そうぎょう》八幡神は誉田別尊《ほむだわけのみこと》(応神《おうじん》天皇)、女神の一方はその母の神功《じんぐう》皇后、他方は神功皇后の妹で応神の皇后となる仲津姫《なかつひめ》にあたると伝えられる。

八幡神が僧形にあらわされるのは、空海《くうかい》が八幡神を東寺《とうじ》の鎮守社に勧請して以来のことと考えられている。もともとは空海が虚空《こくう》に影向《ようごう》した三所御体《さんしょごたい》を紙形に写して御神体として祀ったとされ、のちに大安寺《だいあんじ》の僧行教《ぎょうきょう》の請いによって石清水《いわしみず》八幡宮に移されたとの記録があるが、事実かはわからない。現存の東寺八幡三神像は新羅《しらぎ》との関係悪化などを背景に貞観《じょうがん》年間(八五九～八七七)に造立された可能性が指摘されている。

薬師寺の三神像はともにその大部分を榧《かや》とみられる針葉樹《しんようじゅ》材の一木《いちぼく》から彫り出し、内刳《うちぐり》はほどこしていない。八幡神像が左手首より先に、仲津姫像は頭髪部の上半分と地付き部にそれぞれ別材を矧《は》ぐ。三神像とも小像ながら奥行のある安定感を示し、その彫技も簡略とはいえ随所に鋭さを覗かせる。

姿態は三神像まちまちの自由な構成をとり、顔貌は目鼻や口が顔の中心に集まるつぶらなものである。しかし他面、やや吊り上がり気味で上瞼を直線的に切る目や引き締まった口元には、一定の厳しさと時代の制約も感じさせる。

彩色も華やかで、とくに二女神像については、年齢によって衣の配色を違える配慮もほどこされている。より若年とみなされる仲津姫の場合、大袖の衣は蘇芳《すおう》地に暗紫《あんし》の円花文《えんかもん》、その上にまとう背子《はいし》は緑青《ろくしょう》地に白の草花《くさばな》文、そして裙《くん》は白地に朱と群青《ぐんじょう》・黄色などによる花蝶《かちょう》文をあしらうなど、非常にあでやかである。これらの文様のうち、裙に描かれた花蝶文は、銘文から八九二(寛平四)年の造立とされる和歌山県慈尊院《じそんいん》弥勒如来《みろくにょらい》像の台座に見える落書とよく似たやまと絵的な風趣の強いものである。

以上のことを総合すると、三神像の造立は寛平年間に絞って考えられる。

石清水八幡宮楼門　国宝

八幡神とは何か

八幡は本来「やはた」で多数の旗の意らしい。もとは多数の旗をはためかせて大陸から渡来した人々の守護神とも、九州宇佐地方の農業神とも伝えられるが、この地域の銅鉱産の神でもあった。それが奈良の大仏鋳造に際して中央に進出し、神仏習合の先駆的役割を務めるとともに、東大寺の鎮守として手向山《たむけやま》八幡宮となった。さらに平安前期に石清水に勧請され、王城鎮護の役割を担うようになった。このようなことから八幡宮は伊勢神宮につぐ第二宗廟の地位を得て、さらに源氏の氏神となってから武神の最大のものとなった。全国にある神社のうち、もっとも多いのは八幡さまの社なのである。

京都府宇治市, 国宝, (中堂)桁行三間・梁間二間, 一重裳階付, 入母屋造, 本瓦葺, (両翼廊)桁行各折曲り延長八間・梁間一間, 隅楼二重三階・宝形造, 廊一重二階・切妻造, 本瓦葺, (尾廊)桁行七間・梁間一間, 一重, 切妻造, 本瓦葺, 平安時代(1053年)

平等院鳳凰堂

びょうどういんほうおうどう

三十四

浄土信仰と阿弥陀堂

浄土教は十世紀中頃から流行の兆《きざ》しが見える。源信《げんしん》の著書『往生要集《おうじょうようしゅう》』(九八五)などをきっかけとして、極楽往生を願う結社が誕生し、中流貴族たちに広まっていったようだ。しかし、彼らが浄土教建築を構想したのではない。

このような浄土教に新しい形を与えたのは藤原道長《ふじわらのみちなが》だった。道長は九九五(長徳《ちょうとく》元)年に内覧《ないらん》となって政治の中心的な位置についたが、病を得て一〇一九(寛仁《かんにん》三)年に出家した。死後のことが気になりだしたようだ。

一〇二〇(寛仁四)年に、平安京東北の自邸土御門《つちみかどてい》第の東側、賀茂川西岸に大規模な寺院を発願《ほつがん》した。そこに最初に建てられたのが無《む》量寿院《りょうじゅいん》である。南北に長く、東側から礼拝する形式で、九体の丈六阿弥陀仏《じょうろくあみだぶつ》像を横に並べて安置する阿弥陀堂だった(九体阿弥陀堂と呼ぶ)。丈六仏は大寺院の本尊の大きさであったから、それが九体並ぶということは、破格の形式であったことを示す。扉の内側には九品《くほん》往生の様が描かれ、さらに仏壇には螺《ら》鈿《でん》などで華麗な装飾がほどこされていた。道長は一〇二七(万寿《まんじゅ》四)年、死期が近づくと中尊の前に床をとり、中尊の手から引かれた五色の糸を握って息を引き取った。道長は自らの極楽往生を演出したのだった。

九体阿弥陀堂は十一世紀に入ると大流行して四〇棟余りが建設されることになる。

浄土を模した庭園と建築

父道長とは別の形で想像力を発揮したのが藤原頼通《よりみち》である。一〇五二(永承《えいしょう》七)年、自らの別荘を寺として平等院が誕生し、翌年そのなかに鳳凰堂を建設した。鳳凰堂の周りは地下からのわき水を引き込んで池とした。中堂と左右の翼廊・背後の尾廊で構成された建築群はその池に浮いたかのように見える。池のなかに美しい建築が浮くという構図は浄土曼荼羅で知られている。浄土曼荼羅を地上に実現しようとしたものであることは確かである。

裳階《もこし》をつけた中堂の左右に、楼造《ろうづくり》の翼廊をのばし、背後に尾廊が取りつく構成となっている。中堂の大棟両端に金銅製の鳳凰を飾っているのが堂名の由来という。

建築様式としては天平様式をほぼ踏襲した古式といえるもので、中堂の形式も奈良時代の基本形である。しかし、裳階は細い角柱でゆるい屋根を使い、優雅な雰囲気をつくりあげている。内部は、柱や天井に極彩色をほどこし、扉や壁に仏画を描き、須弥壇《しゅみだん》には螺鈿をちりばめて、建築装飾としては最高級のものとする。

同時代には、「極楽いぶかしくば、宇治の御寺《みてら》(平等院)を礼(うやまう)へし」と、浄土を体現したものとして世に歌われた。鳥羽の勝光明院、さらに奥州平泉《ひらいずみ》の無量光院も鳳凰堂を模してつくられた。奥州征討のときに源頼朝《みなもとのよりとも》はそれを見て感嘆し、のちに鎌倉に永福寺《ようふくじ》を建立した。

平等院鳳凰堂正面

平等院鳳凰堂内部と《びょうどういんほうおうどうないぶと》阿弥陀如来像《あみだにょらいぞう》

国宝, 木造・漆箔, 像高277.2㎝, 平安時代, 定朝作

雲中供養菩薩像　国宝, 木造, 像高40.0㎝～80.0㎝, 平安時代

三十五

鳳凰堂の世界

平等院鳳凰堂は関白《かんぱく》藤原頼通《よりみち》が宇治《うじ》川に臨む別荘を寺とし、一〇五三(天喜《てんぎ》元)年に完成したものである。

中央の仏壇上には定朝《じょうちょう》作の丈六《じょうろく》阿弥陀如来像が坐し、台座は九重の蓮華座《れんげざ》、背後に飛《ひ》天光背《てんこうはい》を負う。頭上には宝相華唐草《ほうそうげからくさ》をみごとに透彫《すかしぼり》した大きな方形の天蓋《てんがい》が、そのなかにさらにもう一つ円形の天蓋をあらわす。仏壇と方形の天蓋が形づくる空間の中央に本尊の阿弥陀仏が位置している。堂内の四周を見わたすと、長押《なげし》上の小壁には木彫の菩薩《ぼさつ》像が五二体、あるものは奏楽し、あるものは歓喜の舞を舞い、あるものは恭敬合掌《きょうけいがっしょう》する。また板壁や扉には経典《きょうてん》に説かれる文と九品来迎《くぼんらいごう》の図が描かれている。格天井《ごうてんじょう》や組物、そして柱などに意匠をこらした彩色や絵、螺鈿《らでん》や金具など驚くほどの入念さで荘厳《しょうごん》がなされている。この世のなかに極楽浄土の様を具現しようとし、当時の最善の美を追求したといえる。

和様の成立

日本に仏教が伝わり四〇〇〜五〇〇年もたつと、仏像彫刻もしだいに和様《わよう》化してくる。それが顕著になるのが摂関《せっかん》藤原氏の最盛を誇った十一世紀頃からである。貴族は競って造寺造塔をおこない造像を志した。それはこの世の栄華をそのままに来世も往生極楽を願う作善《さぜん》の行為であるが、そこに貴族一流の典雅な好みをも反映させ、調和と均整のとれた美しい姿と円満な容貌をもった仏像の造立を願った。それをかなえた仏師、それが定朝(?〜一〇五七)である。定朝はいくつかの材を寄せてつくる寄木造《よせぎづくり》法を完成し、「仏の本《ほん》様《よう》」と呼ばれる仏像の手本をつくった。像は、みごとなプロポーションをもち、なんのよどみもない自然な体軀や着衣の表現、写実性と適度な装飾性を踏まえ、しかも高潔な品格を保つ存在、これこそ定朝の理想とした仏像の本領を示すものであった。

阿弥陀如来像

阿弥陀如来は西方極楽浄土の教主である。浄土経典には、初め法蔵《ほうぞう》菩薩が一切衆生《しゅじょう》を救うための誓願(四十八願)を立てて修行し、成就して仏になったと説かれる。日本に阿弥陀信仰が伝わったのは七世紀中頃であり、以来いろいろな姿の阿弥陀像がつくられた。

平等院本尊は定印《じょういん》を結ぶが、これは密教《みっきょう》の曼荼羅《まんだら》(第三十一図)のなかに見られる阿弥陀仏の姿で、大日《だいにち》如来の眷属《けんぞく》四仏のうちの一体である。それがやがて九世紀後半に独立して本尊とされるようになった。仏師定朝は諸記録から数多くの仏像をつくったことがわかるが、明確な現存作品はこの一体だけである。この像のもつ美しさを一口で述べるのは難しいが、日本の仏像彫刻のうちの最高傑作の一つであることは疑いない。

飛天光背と台座

平等院本尊の光背は飛天光背と呼ばれ、定朝創案の光背と考えられている。

台座は九重の蓮華座で、蓮弁《れんべん》は蓮池に浮かぶ水蓮の形をイメージしたやや細長いものである。全体にバランスのよくとれた美しい形をもっており、円満かつうるわしい阿弥陀像の台座としていかにもふさわしい。

雲中供養菩薩像

内部の白い小壁にかけられた雲中《うんちゅう》供養菩薩像は、実にさまざまの姿態を見せている。奏楽し、歌舞するもの、合掌するものなど、いずれもが仏徳を賛嘆《さんたん》し恭敬する姿をあらわしている。これは厚手の板に像容のすべてと雲とをうまく彫り込んだ一種のレリーフである。ほとんど丸彫に近いものもあるが、全体に体軀の前後の奥行を圧縮して彫出する。しかし、ぎこちなさは感じられず、むしろのびのびとした姿態の動きに空間と量感とをみごとに表現し、一体一体見飽きぬ魅力をもつ。その抜群の構成力と彫技の巧みさは、当代一流の仏師たちの作として賞賛に値する。

浄瑠璃寺九体阿弥陀像《じょうるりじきゅうたいあみだぞう》

浄瑠璃寺本堂, 国宝, 木造寄木造・漆箔, 像高(中尊)224.0㎝, (脇仏)139.0〜145.0㎝, 平安時代

浄瑠璃寺中尊

三十六

九体阿弥陀堂の盛行

九体の阿弥陀像を本尊とする阿弥陀堂を九体阿弥陀堂、略して九体堂という。九体の阿弥陀像を横一列に並べて安置するので、間口《まぐち》の長い、奥行の短い独特な長方形の平面(プラン)をもつ建物である。こうした九体堂は藤原道長《みちなが》によって一〇二〇(寛仁《かんにん》四)年、法《ほう》成寺《じょうじ》に無量寿院《むりょうじゅいん》が建てられたことに始まる(『御堂関白記《みどうかんぱくき》』)。以来、天皇・上皇・貴族などが自ら願主となって競って九体堂を建てた。しかし現存するのは浄瑠璃寺本堂のみであり、九体の阿弥陀像も唯一の遺例である。

浄土三部経《じょうどさんぶきょう》の一つ『観無量寿経《かんむりょうじゅきょう》』では、極楽往生を願う人の性質や行いによって、往生にも九種の階位があると説く。上品上生《じょうぼんじょうしょう》から中品《ちゅうぼん》をへて下品下生《げぼんげしょう》にいたるこの九種を、九品《くほん》と呼ぶ。阿弥陀堂の九体はこの九品をかたどっているのである。

浄瑠璃寺阿弥陀堂

浄瑠璃寺阿弥陀堂の中尊は来迎《らいごう》の印を結んだ丈六《じょうろく》の像、その左右に四体ずつあるのは、半丈六の像で、定印《じょういん》を結んでいる。各像は蓮《れん》華座《げざ》という台座に坐り、背後に光背《こうはい》を負っている。九体仏の後ろは白壁で、前には連珠《れんじゅ》文《もん》・剣巴文《けんどもえもん》などの金具を打った木造の二段につくった須弥壇《しゅみだん》に似た囲いがある。

九体とも寄木造《よせぎづくり》で、体内を内刳《うちぐり》しており、体の表面には漆箔《うるしはく》をほどこして金色を呈している。中尊は脇仏《きょうぶつ》八体よりやや古く、脇仏は像容ばかりでなく、構造的にも少しずつ異なる。おそらく何人かの仏師によってつくられたものと推定される。

浄瑠璃寺の略歴

『浄瑠璃寺流記事《るきのこと》』によれば一〇四七(永承《えいしょう》二)年に僧義明《ぎみょう》によって最初の本堂が造立され、そのときの本尊は現在三重塔内にある薬《やく》師如来《しにょらい》坐像とされる。寺号の「浄瑠璃寺」は薬師如来の浄土である東方浄瑠璃世界に由来すると考えられている。一一〇七(嘉承《かしょう》二)年にその本堂は撤去され、新しい本堂が建てられた。さらに一一五七(保元《ほうげん》二)年に本堂を池の西岸に移した。これが現在の本堂である。九体阿弥陀像がどの時点で造立されたかは不明だが、この『流記事』の記述により、中尊を一一〇七年、脇仏八体を一一五七年とする説がある。一三二八(嘉暦《かりゃく》三)年に修理がおこなわれ、江戸時代に正面一間の向拝《こうはい》が付加されて、現在にいたっている。

本堂は桁行十一間・梁間《はりま》(奥行)四間で、一重、つまり平屋の寄棟造《よせむねづくり》。本瓦葺《ぶき》で正面に一間の向拝をもつ。内部は九間に一間の母屋《もや》とその周りに庇《ひさし》の間を設ける。柱はすべて円柱。屋根裏は虹梁《こうりょう》や垂木《たるき》の見える化粧屋根裏《けしょうやねうら》である。九体仏の背後に白壁があり、この九体仏の周りを行道《ぎょうどう》(読経《どきょう》しながら歩行)できるようにつくられている。

浄瑠璃寺本堂　京都府相楽郡, 国宝, 桁行十一間・梁間四間, 向拝一間, 一重, 寄棟造, 本瓦葺, 平安時代

高野山有志八幡講十八箇院, 国宝, 絹本著色, 中幅縦210.0cm・横210.0cm, 左右幅各縦210.0cm・横105.2cm, 平安時代

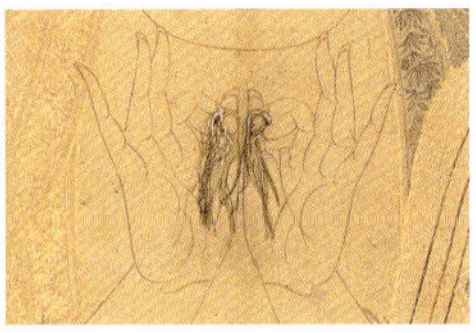

山越阿弥陀図　金戒光明寺, 国重要文化財, 絹本著色, 縦101.0cm・横83.0cm, 鎌倉時代
阿弥陀仏の手には五色の糸が残る。

阿弥陀二十五菩薩来迎図　知恩院, 国宝, 絹本著色, 縦145.1cm・横154.5cm, 鎌倉時代

阿弥陀聖衆来迎図

あみだしょうじゅらいごうず

三十七

「阿弥陀聖衆来迎図」

本図は平安時代後期(十二世紀中期)頃に描かれた仏教絵画の大作で、極楽往生を願う浄《じょう》土教《どきょう》信仰の高まりを伝える重要な作例である。来迎図とは、一般には、阿弥陀如来《あみだにょらい》が極楽往生する人を迎えに雲に乗って飛来する光景を描いた作品に対する略称である。阿弥陀如来は観音《かんのん》菩薩、勢至《せいし》菩薩を従えて来迎するが、奏楽する諸菩薩や幡を掲げる童子などを引き連れて来迎する場合もあり、後者は、「阿弥陀二十五菩薩来迎図」、あるいは「阿弥陀聖衆来迎図」などの名称で呼ばれる。本図は二十五尊以上の菩薩があらわされているので、「阿弥陀聖衆来迎図」と呼ばれる。

来迎図を生み出したもの

浄土教の信仰は、平安時代後期に入ってから、空也《くうや》の活動や、源信《げんしん》(恵心僧都《えしんそうず》)が『往生要集《おうじょうようしゅう》』を著してからさかんになっていった。現世《げんぜ》(われわれが住む世界)の生活をあきらめ、来世は阿弥陀如来の世界(すなわち極楽浄土)に生まれたいという憧れが、この世での命が終わる瞬間に阿弥陀聖衆が迎えにきてくれるという劇的な光景を熱望したと考えられる。さらに、極楽往生をとげたと信じられた人々の伝記が、聖衆の来迎のありさまを中心に記述された。

本図の特色は、飛来する阿弥陀聖衆の一群を正面からながめた構図で表現していることである。阿弥陀聖衆は、本図を見る者に向かってまっすぐに進んでくると感じるように描かれる。

来迎図を画面構成の点からながめると、本図のように正面観をもった来迎図と、京都知《ち》恩院《おんいん》蔵の「阿弥陀二十五菩薩来迎図」(通称、早来迎《はやらいごう》)のように、来迎する聖衆の一行を傍観者のように脇からながめて描いた側面観の来迎図とに大別できる。本図のような正面観の来迎図は、浄土教において阿弥陀如来の姿や聖衆の来迎を明瞭に想起できるように修行する観想念仏《かんそうねんぶつ》の、本尊として描かれた作品であると推測されている。

来迎図のなかの山々

本図では、聖衆が乗る雲の下は、さざ波を一面に描いて、広々とした水面を表現する。そして、三幅対《さんぷくつい》のなかで正面から見て左幅にだけ、画面下半を使って、切り立った崖とそこに生える松と紅葉を大きく描いている。来迎図には、樹木の生い茂る山々や島などを画面の隅に覗かせて描き加える例が多い。この部分は、極楽を出発して飛来する聖衆が、今まさに現世に到着し、往生者のいるところまでさらに深く進もうとしている場面を表現したもので、山々や樹木はわれわれが住む世界を、広々とした水面はこの世と極楽とをへだてる大海を意味するものであろう。来迎の表現に現実感を強調しようとする作者の姿勢がうかがえる。

山越阿弥陀図

金色《こんじき》に輝く阿弥陀如来が、山の背後から上半身をあらわした光景を正面からとらえて描いた図がある。阿弥陀如来の来迎を描く浄土教絵画の一種であるが、この形式の作品をとくに山越《やまごし》阿弥陀図と呼ぶ。恵心僧都の着想との伝承はあるが、鎌倉時代以降の作例しか残されていない。そのなかでは、京都金戒光明寺《こんかいこうみょうじ》「山越阿弥陀図」が著名である。遠方の山並みを、画面下方に幅いっぱいに描くので、その背後にあらわれた如来の上半身は、阿弥陀如来の巨大な姿、さらには広大無辺の抱擁力を暗示させてあますところがない。

金戒光明寺の図には、上品中生《じょうぼんちゅうしょう》の来迎印をあらわす阿弥陀如来の両手の指から五色の糸がたれていたことを物語る糸の一部が残っている。これは、臨終《りんじゅう》の人の手に、この絵の阿弥陀如来の手からのびる五色の糸を握らせて、極楽往生を願う人の気持をくんでやる儀式がおこなわれていたことの名残りであると推測されている。極楽往生への熱望が、絵画表現の枠をついに踏み越えるまでに高まっていったことを物語る貴重な作品である。

国宝，木造・漆箔，中央壇，平安時代（1124年）

中尊寺
金色堂内陣

ちゅうそんじこんじきどうないじん

三十八

中尊寺金色堂

　本図は岩手県平泉《ひらいずみ》にある中尊寺金色堂の内陣である。奥州《おうしゅう》六郡の押領使《おうりょうし》となって勢力を誇った藤原清衡《ふじわらのきよひら》によって一一二四(天治《てんじ》元)年に建てられた。芭蕉《ばしょう》が「五月雨《さみだれ》の降りのこしてや光堂《ひかりどう》」(『おくの細道《ほそみち》』)と詠んだごとく、金色燦然《さんぜん》と輝くまばゆいばかりの仏堂である。

　床《ゆか》は黒漆塗《くろうるしぬり》で内部中央に四本の柱(巻柱《まきばしら》)が立ち、そのなかに須弥壇《しゅみだん》があり、壇上に阿《あ》弥陀三尊《みださんぞん》と六地蔵、持国《じこく》・増長《ぞうちょう》の二天《てん》が安置されている。堂内の左右奥にも須弥壇があり、中央と同じ組み合わせの仏像が並ぶ。中央の須弥壇が清衡によることは疑いないが、左右の壇が二代基衡《もとひら》と三代秀衡《ひでひら》のいずれかについては議論があり、近年は向かって右(西北壇)を基衡壇、同左(西南壇)を秀衡壇とする見解も出されている。

　堂内のすべての柱・須弥壇、そして長押《なげし》・頭貫《かしらぬき》・組物《くみもの》・蟇股《かえるまた》などにはみごとな蒔絵《まきえ》と螺鈿《らでん》がちりばめられ、宝相華《ほうそうげ》唐草《からくさ》の透彫金銅《すかしぼりこんどう》金具《かなぐ》が打たれるなど、工芸美術の粋が集められている。

　鎌倉七代将軍惟康《これやす》親王の命で一二八八(正《しょう》応《おう》元)年に建設された覆堂《おおいどう》により保護されてきた。現在の覆堂は鉄筋コンクリート造で、金色堂は温度・湿度が調整されたガラスケースにおさめられている。

金色堂の仏たち

　◎阿弥陀三尊像：中尊阿弥陀坐像は、中央壇と基衡壇とは定印《じょういん》を結び、秀衡壇のみ来迎印を結んでいる。秀衡壇の阿弥陀像は当初の像ではなく、寺内の他所から移されたものと考えられ、様式的にも他像とは一致しない。また左右の壇の観音《かんのん》・勢至《せいし》ものちに入れ替わり、もとは西南壇のそれが西北壇に、西北壇のそれは西南壇に安置されていた可能性も指摘されている。

　◎二天：四天王像のうち持国天・増長天が、阿弥陀三尊・六地蔵を守護している。最近の学説ではこの二天像も移動があり、西北壇のものが実は中央壇のもので、中央壇の二天は、もとは西北壇のそれであったとの説もある。

　◎六地蔵：この六地蔵についても、本来、中央壇のそれは西北壇に、現在西北壇にある六体はもとは中央の清衡壇のものであったとの見解もみられる。

　このような混乱は、すでに鎌倉時代末頃には生じていたことが記録からわかっている。

金色堂の特質

　金色堂は一般的な阿弥陀堂と建築構造やその内容が似ているが、大きく異なるのは堂内に遺体をおさめた葬堂(廟所《びょうしょ》)でもあるという点である。

　清衡が没してのち、その木棺を中央の須弥壇の下に納置したが、これが清衡の当初からの目的であったかどうかは不明である。しかし、その子基衡、孫の秀衡もそれぞれ棺を左右の隅に設けた須弥壇の下におさめ、泰衡と推定される首級も壇下より発見されている。結果として、金色堂は藤原氏四代の葬堂となった。

　木棺内に安置されていた遺体を取り出して科学的な学術調査がおこなわれたのは一九五〇(昭和二十五)年のことである。

中尊寺金色堂覆堂

臼杵磨崖仏《うすきまがいぶつ》（大日如来坐像《だいにちにょらいざぞう》）

大分県臼杵市，国宝，石造・彩色，
古園石仏群，平安〜鎌倉時代（12〜13世紀）

三十九

石造彫刻（石仏）

日本では檜《ひのき》という良質の彫刻の材料が手近に得られるため、優れた石造彫刻の遺品はそれほど多くはない。

現存する最古の石仏《せきぶつ》は奈良県石位寺《いしいでら》の三尊《さんぞん》仏《ぶつ》、兵庫県古法華《ふるぼっけ》の三尊仏など白鳳《はくほう》時代の作品である。天平《てんぴょう》時代には奈良を中心に頭塔《ずとう》の石仏群のような優れた作品や、岩崖《がんがい》に浮彫《うきぼり》や線彫《せんぼり》した磨崖仏もつくられるようになった。平安時代は石仏の全盛時代で、仏教の地方への伝播とともに各地でつくられるようになり、滋賀県狛坂《こまさか》磨崖三尊像、栃木県大谷寺千手観《せんじゅかん》音《のん》像、大分県臼杵磨崖仏、同熊野磨崖仏、富山県日石寺不動三尊など、磨崖仏の優れた作品が多い。

臼杵磨崖仏（大日如来坐像）

丘陵の斜面に露出した溶結凝灰岩《ようけつぎょうかいがん》に六二軀の仏像を刻んだもので、石仏群が谷をめぐって四カ所に分かれて存在している。これら四群からなる石仏群は、それぞれ古園《ふるぞの》石仏群・山王山《さんのうさん》石仏群・ホキ石仏第一群・ホキ石仏第二群と呼ばれている。造立に関する史料はほとんどないが、各群の間に構成や作風上の違いがあり、様式からみて制作時期は平安時代後期〜鎌倉時代初期にその大半が完成したと考えられている。各像とも壁面から高肉彫《たかにくぼり》とするが、古園石仏群のみは下半身を別材でつくり壁面に剝《は》ぎつける方法をとっている。凝灰岩は脆弱《ぜいじゃく》で崩れやすいため、壁面から離落したり欠損したりする部分も多く、風化も進んでいる。

本図は古園石仏群の中心になる大日如来坐像である。古園石仏群は丈六《じょうろく》のこの像を中心に、約半分の大きさの如来・菩薩《ぼさつ》・明王《みょうおう》・天《てん》王《のう》などが左右に各六軀ずつ、計一三軀が並列して刻まれている。諸像はいずれも上半身を岩壁から彫り出しているが、下半身や両腕などの凸部は別につくったものを矧ぎつけている。現在、下半身は大日如来坐像と向かって右端の多聞天《たもんてん》像のものが残っており、ほかの像のものは失われている。諸像のなかでひときわ優れた姿を見せるのが大日如来坐像である。太づくりで、堂々とした大きさの感じられる体軀もさることながら、その面持ちは特筆に値する。面幅・面奥ともに十分な大きさをもち、秀でた三日月形の眉、大きくゆったりと弧を描く伏し目がちの瞼の線、ほかの部分に比べて小ぶりな鼻と唇、張りのある頰、絞り込んだ顎など、これらがあいまって力強さとおだやかさが融合した相好を示している。

古園石仏群は臼杵磨崖仏中もっとも早く造像されたものとされていたが、近年ではもっとも早く造像されたのはホキ石仏第一群第一龕《がん》の三如来坐像と同第二群の阿弥陀《あみだ》三尊像で十二世紀後半の制作、古園石仏群は制作年代が十三世紀初めにくだる可能性も指摘される。いずれも日本の石造彫刻を代表する作品である。

徳川美術館，国宝，紙本著色，縦21.5cm，平安時代（12世紀前半）

源氏物語絵巻
（宿木第一段）

げんじものがたりえまき（やどりぎだいいちだん）

四十

『源氏物語絵巻』

十二世紀前半に制作された『源氏物語絵巻』は、日本で独特な展開を見せた絵巻物のなかでも、現存最古の、しかも最優の作品として名高い。『源氏物語』五四帖《じょう》から各帖ごとに一〜三場面を選出し、本文の一節を美しく装飾された料紙《りょうし》に流麗な書風で書き、絵と交互に継ぎ合わせている(現在は一段ごとに切り離して保存されている)。当初は一〇〇段ほどが絵巻一〇〜一二巻に仕立てられていたと推測されるが、現在は絵一九図と詞書《ことばがき》二〇段、その他数種の詞書断簡《だんかん》および一部補筆された若紫図が伝来するのみである。

この絵巻の眼目は、『源氏物語』のストーリーを追うよりも、場面場面の詩的情趣をいかに表現するかという点にある。静かな緊張感に満ちた画面からは、ときとして、登場人物の心のゆれまでが伝わってくる。

また『源氏物語』には、室内における貴族たちの生活の様子を描いた画面が多い。文献のみではうかがい知ることのできない十二世紀前半の貴族たちの生活を、細部にいたるまで具体的に示してくれる貴重な資料でもある。

つくり絵と引目鉤鼻

本絵巻は、「つくり絵」と呼ばれる技法によって制作された。まず墨線《すみせん》で下描《したが》きをし、その上に顔料を塗って下描きの線を完全におおい、最後に細い墨線によって描《か》き起《お》こしていく。なかでも、ほぼ一本の線で描かれたように見える目、単純な鉤形の線であらわされた鼻など、いわゆる「引目鉤鼻《ひきめかぎはな》」と呼ばれる顔の表現に特色がある。しかしよく見ると、例えば目は細い線を何本も引き重ねることによって微妙な表情をつくりだしており、これは決して単純素朴な表現法とはいえない。むしろ、物語絵を鑑賞する人々が画中の人物に感情移入しやすいよう、すべての人の夢を受け入れるべく最大公約数的な表情を求めて、顔の各部分の抽象化を推し進めた結果、こうした表現法に到達したのだといえよう。

制作の状況

この絵巻の筆者を藤原隆能《たかよし》(十二世紀中頃に活躍した宮廷絵師《きゅうていえし》)とする説は江戸時代にとなえられ始めたが、特別な根拠はなく、現在は支持されていない。現存する一九図は画風の上からおよそ四つのグループに分けられ、また詞書書風は五つに分けられる。詞書のみ残るグループを外すと、画風と書風のグループ分けは合致する。すなわち、四つの制作グループがそれぞれ二巻程度担当したと考えられ、貴族たちが互いにできばえを競い合うといった制作状況が想像される。

さらに当時の絵画制作のあり方からして、一つの画面を完成するにも、主任的な絵師からアシスタント的な絵師まで、複数の手をへていると考えられる。背後には、おそらく相当高位の人物が、絵巻制作の発案者あるいは注文主としてひかえていたと推測される。

宿木第一段の内容と宮廷内の様子

天皇と薫《かおる》の君《きみ》が囲碁を打つ場面が描かれる。天皇は最愛の娘、女二《おんなに》の宮《みや》を薫に託したいと考えていた。時雨《しぐれ》の降る秋の夕暮れ、天皇は囲碁の相手に薫を呼び寄せ、その賭《か》けものとして女二の宮の存在をほのめかす。帝の真意を察してはいるものの、今は亡き宇治《うじ》の大君《おおいぎみ》の面影が忘れられずにいる薫。三番勝負に負けこした天皇は、庭に咲いた菊の一枝を薫に与え、歌に託して降嫁《こうか》を暗示する。画面は、建物の天井を取り払い、斜め上から覗いているかのような組立て、すなわち吹抜屋台《ふきぬきやたい》と称される日本絵画に特有の描法であらわされる。清涼殿朝餉《せいりょうでんあさがれい》の間《ま》で小袖《こそで》に衣を引き重ねただけのくつろいだ姿で黒石を打とうとしている天皇。対する薫は冠《かんむり》に直衣《のうし》、隣室にひかえる女房たちは唐衣《からぎぬ》に裳《も》の正装をしている。

右端の二階棚には火取香炉《ひとりこうろ》や泔杯《ゆするつき》(洗髪・調髪用の米のとぎ汁を入れる器)の台、隣室の厨子《ずし》棚には箏《そう》や巻物・冊子《さっし》などが見える。周囲の障子には、細密な筆致で絵が描かれている。やまと絵を描いた障子、数々の調度品などに囲まれていた当時の宮廷生活のあり様がよくわかる。

床に畳を敷きつめておらず柱も丸柱として表現しており、鎌倉時代の絵巻物での屋台や室内の描写と異なっている。

信貴山朝護孫子寺, 国宝, 紙本著色, 全3巻, 縦31.8cm, 平安時代(12世紀)

信貴山縁起絵巻
(山崎長者の巻)

しぎさんえんぎえまき(やまざきちょうじゃのまき)

延喜加持の巻　帝のもとへ向かう剣鎧《けんがい》護法《ごほう》童子。

四十一

『信貴山縁起絵巻』

今も人々の信仰を集める信貴山(奈良県生《い》駒郡《こまぐん》、朝護孫子寺《ちょうごそんしじ》)の縁起絵巻。信貴山を中《ちゅう》興《こう》した命蓮《みょうれん》にまつわる奇跡譚で、「山崎長者の巻」「延喜加持《えんぎかじ》の巻」「尼公《あまぎみ》の巻」の三巻からなり、信貴山の霊験《れいげん》を見る者にわかりやすく説く。命蓮は十世紀の初め頃に実在した聖《ひじり》で、物語の内容もその頃を想定しているが、ここに描かれた社会風俗は、絵巻が制作された十二世紀のものである。『源氏物語《げんじものがたり》絵巻』(第四十図)と比較すると、一般庶民の日常の暮らしぶりがいきいきと描かれている点に、この絵巻の特色がある。また、絵巻物という独特の形をこれほど自由自在に活用した作品は、日本絵画史上でもほかに例がない。

「山崎長者の巻」のあらすじ

本図は、「山崎長者の巻」(飛倉《とびくら》の巻)の冒頭近く、飛び去ろうとする倉を人々が追いかける場面である。

信貴山の命蓮は、いながらにして鉢《はち》を飛ばすことができる不思議な力を身につけていた。あるとき、托鉢《たくはつ》を拒んだ長者のもとから、鉢が米倉を乗せて空を飛び命蓮のいる山上に帰っていった。倉を追ってきた長者の願いに、命蓮はふたたび鉢を使い、倉のなかの米俵だけを空中に飛ばして、長者の家へ返してやった。

中央で馬に乗り、狩衣《かりぎぬ》と烏帽子《えぼし》をつけた人物はこの倉の持ち主で、石清水八幡宮《いわしみずはちまんぐう》などに荏油《えのあぶら》(荏胡麻《えごま》の種子からとる油)をおさめていた山崎の長者と考えられている。周囲で騒ぐのは使用人たちであろう。男は直垂《ひたたれ》に括《くく》り袴《ばかま》、女は小袖《こそで》に褶《ひらみ》(三幅前掛《みはばまえかけ》)を巻いた姿が多いようである。貴族の場合と異なり、女たちの垂《すい》髪《ほつ》はさほど長くなく、また働きやすいよう首のあたりで束ねられている。

本図の見方

右手から、猛烈な勢いで駆け出してくる人々。門を出たあたりでは、長者や従者の視線は、すでに斜め上を向いている。さらに左を見ると、上方に、問題の鉢と倉があらわれる。その下には、のびあがりながら、なにかをわめく僧俗の姿がある。本図のような短い場面のなかにも、倉が地上を走り出してからついに人々の手の届かない高みにまで舞い上がり、飛び去ろうとする、という時間の経過が、倉を追う人々の動きの微妙な変化のうちに表現されていることがわかる。

誇張され、やや戯画化された人物の表情に見える強い表現力は、基本的には唐《とう》から伝わった絵画技術の確かさによる。唐代美術のもつ力と、それを学び伝えて日本独自の美術を開花させた人々の感性が生んだ傑作ともいえる。

なお、空を飛ぶ倉に向かってジャンプしている数珠を手にした僧侶は、よく見ると口から墨線《すみせん》が上に向かって出ている。「はっ」「えいっ」など、声を発して飛び上がる様をいきいきと描いているのである。

「尼公の巻」と異時同図法

信濃《しなの》から弟の命蓮を訪ねてはるばると旅をしてきた老尼公が東大寺大仏《とうだいじだいぶつ》の夢告《むこく》を得る場面は、同一人物を何度も描く異時同図法の典型として知られる。

また、平重衡《しげひら》の南都焼打ちで焼亡した創建時の大仏殿を知る唯一の資料でもある。

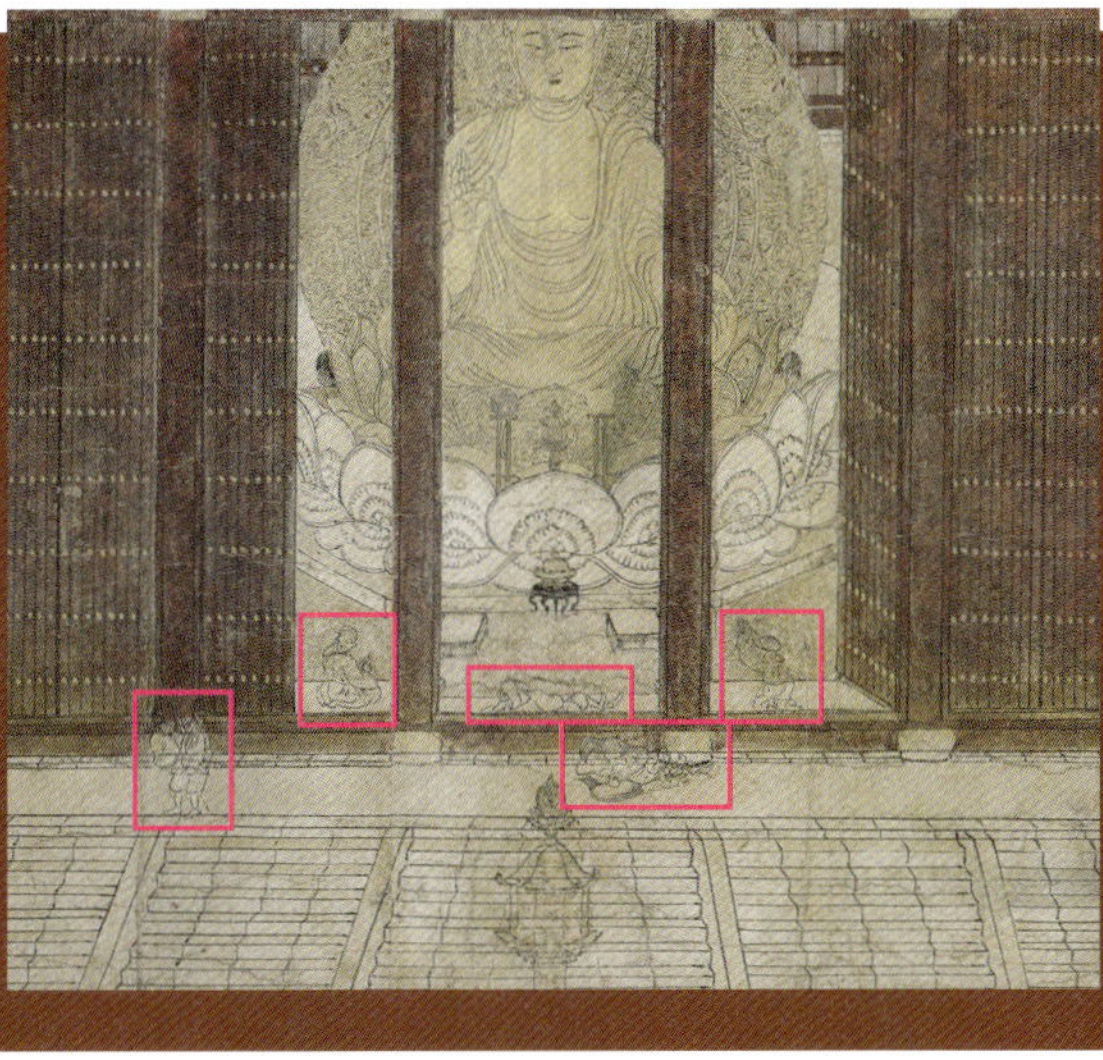

尼公の巻　異時同図法で東大寺大仏より暗示を受ける尼公の様子が描かれる。

出光美術館, 国宝, 紙本著色, 全3巻, 縦31.3cm, 平安時代(12世紀後半), 常盤光長筆

伴大納言絵巻

ばんだいなごんえまき

四十二

『伴大納言絵巻』

後白河院《ごしらかわ》の頃、宮廷《きゅうてい》で活躍した絵師常盤光長《ときわみつなが》が、応天門《おうてんもん》の変《へん》を題材として、一一六〇～七〇年代に描いた作品と推定される。『信貴山縁起絵巻《しぎさんえんぎ》』（第四十一図）と同様、横に長い画面の特質をみごとに生かした絵巻物の傑作で、ことに上巻の応天門炎上と群衆を描いた一段は秀逸である。

内容は、史実というよりは説話文学にもとづくものであり、詞書《ことばがき》とほぼ同じ文章が『宇治拾遺物語《うじしゅういものがたり》』に採録されている。

応天門の変

八六六（貞観《じょうがん》八）年閏《うるう》三月、内裏八省院《だいりはっしょういん》の正門である応天門が炎上した。朝廷をゆるがしたこの大事件も、六カ月後、大納言伴善男《とものよしお》・中庸《なかつね》父子らが放火の罪により配流《はいる》されたことをもって、一応の結着をみる。だが応天門炎上がはたして放火によるものであったかどうか、もしそうだとしても伴善男が犯人であったかどうか、確かなことはわかっていない。今日の観点からすると、藤原良房《よしふさ》らによる他氏排斥《はいせき》の陰謀ではなかったかとも考えられる。

真相はともかく、応天門の変とは、伴大納言が政敵 源 信《みなもとのまこと》に放火の罪を負わせようとして失敗した事件のことであると、一般に信じられてきた。こうした見方にもとづいて、事件の顚末《てんまつ》をおもしろく絵巻化した作品が、この『伴大納言絵巻』である。

「子どもの喧嘩」の場面

本図は、伴大納言の陰謀が露見する端緒となった子どもの喧嘩の場面である。驚きあきれながら騒ぎの成り行きを見守る人々を周りに配して、事件の展開がスピーディに描写される。右上に取っ組み合いをする二人の子ども、その左に拳を握りしめて駆けつけてくる出納《すいとう》（召使い）が見える。その出納は、画面下方では自分の子をかばいながら舎人《とねり》の子を思いきり蹴飛ばしている。左上方には、母親に手を引かれた出納の子が、一目散《いちもくさん》に家のなかへ逃げ込んでゆく姿がある。このように、一場面のなかに同じ人物を何回も描き、それによって時間の経過や物語の展開をあらわす方法を、異時同図法《いじどうずほう》という。『伴大納言絵巻』のこの場面は、『信貴山縁起絵巻』の「尼公の巻」などとともに異時同図法の典型的な例として有名である。

風俗について簡単に述べると、子どもたちは筒袖《つつそで》、出納は片肌を脱いだ水干《すいかん》、その妻は小袖《こそで》に褶《ひらみ》（三幅前掛《みはばまえかけ》）という姿である。見物人たちは大部分、水干か狩衣《かりぎぬ》を着ている。なかには傘の柄に深沓《ふかぐつ》をかけて見物している男もおり、これは主人の送迎の途中であるらしい。その手前では、高下駄を履いた女が市女笠《いちめがさ》を押し上げ、あきれたように口をあけている。市女笠の女の後ろにいる烏帽子《えぼし》の男二人は、身体を左に向け振り返っている。喧嘩の見物人から噂話の聴衆へと、次の場面への導入を担うモチーフである。

絵巻のあらすじ

大納言伴善男は応天門に放火し、それを源信の仕業であると讒言《ざんげん》した。だが藤原良房のとりなしにより、源信は無実の罪から逃れることができた。あるとき、伴大納言の出納の子と右兵衛の舎人の子が喧嘩をしたが、割って入った出納は舎人の子を死ぬほど痛めつけ、主人の権威を笠に着て舎人にいばり散らす。ところが、たまたまこの舎人は伴大納言の放火を目撃していたので、腹立ちまぎれにそれをほのめかしてしまう。噂は広まってついに朝廷にまで届き、取り調べられた舎人は事実を申し述べた。すべては明らかとなり、伴大納言は流刑に処されたのであった。

伴大納言配流の場面

◆ 絵巻の形式

絵巻物は通常，文字テキスト(詞)をともなっている。この「絵」と「詞」の組み合わせによって，以下のように分類できる。

交互式：もっとも一般的な形であり，まず物語のテキストである詞，そしてその内容に対応する絵が続く。
色紙形《しきしがた》式：絵のなかに四角く枠をつくって，そのなかに詞を書く。この場合，詞の分量は多くはない。『華厳五十五所絵巻』などがある。
画中詞式(画中書き入れ式とも)：絵のなかに場面の説明や登場人物たちの会話が書き込まれる。『道成寺縁起《どうじょうじえんぎ》絵巻』などがある。

道成寺縁起絵巻

また，絵の構図は，『伴大納言《ばんだいなごん》絵巻』の応天門炎上の場面のように何紙にもわたった長大な画面となる「連続式」と『源氏物語絵巻』など物語絵巻に見られるような一紙程度に収まっている「段落式」の二種がある。

◆ 異時同図法

異時同図法は，物語を絵に描きあらわそうとする場合，古今東西を問わず用いられる。日本では，古くは「玉虫厨子《たまむしのずし》」(第５図)に描かれた「捨身飼虎図《しゃしんしこず》」(飢えた虎の親子に出会った摩訶薩埵王子《まかさったおうじ》が自らの身を虎に与えて救ったという，釈迦の前世の物語を描いた絵)などの例がある。「捨身飼虎図」については，類似した図様が中国の敦煌《とんこう》，莫高窟《ばっこうくつ》の壁画にも見出されており，中国から伝わった仏教説話の絵画が，日本人に異時同図法を教えたのであろうと推測される。とはいえ，絵巻物という独特のかたちを発展させたことからもわかるように，日本人はもともと物語を絵画化することに強い関心をいだいていたらしく，異時同図法もまた日本でとくに好まれたといって良い。『伴大納言絵巻』の子どもの喧嘩の場面(第 42 図)は，短い時間のうちに継起した事件のそれぞれの瞬間の相をぐるりと円環状に描いて，動きや速さまでも表現することに成功した代表例である。

絵巻物の基礎知識

◆ 絵巻物について

横長の紙に詞書《ことばがき》(文章)と絵を交互にあらわし，巻物のかたちに整えたものを，絵巻《えまき》あるいは絵巻物という。原型は中国にある。奈良時代の『過去現在因果経《かこげんざいいんがきょう》』は，中国から日本に伝わった画巻《がかん》の，１つのあり方を示している。平安時代に入って，こうした画巻形式を洗練させ，時間表現や心理表現の工夫を重ね，物語を表現するにふさわしい形態にまで発達させたものが，日本の絵巻物であるといえよう。古代末期から中世を通じて，絵巻物は広く流行した。

巻物形式であるから，絵巻物を見る者は，すでに見た部分を右手で巻き込み，これから見る部分を左手で繰り広げながら，左へ左へと視線を動かしてゆく。つまりストーリーの展開に従って，少しずつ，順序正しく絵を見てゆくということになる。絵巻物がほかの画面形式と比べてとくに時間の経過を表現するのに適している理由は，こうした鑑賞法によるところが大きいのである。

◆ 絵巻の見方

博物館での展示はケース内で大きく広げられた状態でおこなわれるが，本来は鑑賞者自身が肩幅程度に広げて少しずつながめていくことを前提としてつくられている。ゆっくりあるいは素早くなど，鑑賞のリズムは鑑賞者自身にゆだねられている。12 世紀の『源氏物語《げんじものがたり》絵巻』東屋第１段には，浮舟が畳の上におかれた絵の冊子を上から覗き込んでいる様が描かれているが，その横には巻物も見られる。

伴大納言絵巻　出光美術館，国宝，常盤光長筆

四十二

扇面古写経《せんめんこしゃきょう》
（扇面法華経冊子《せんめんほけきょうさっし》）

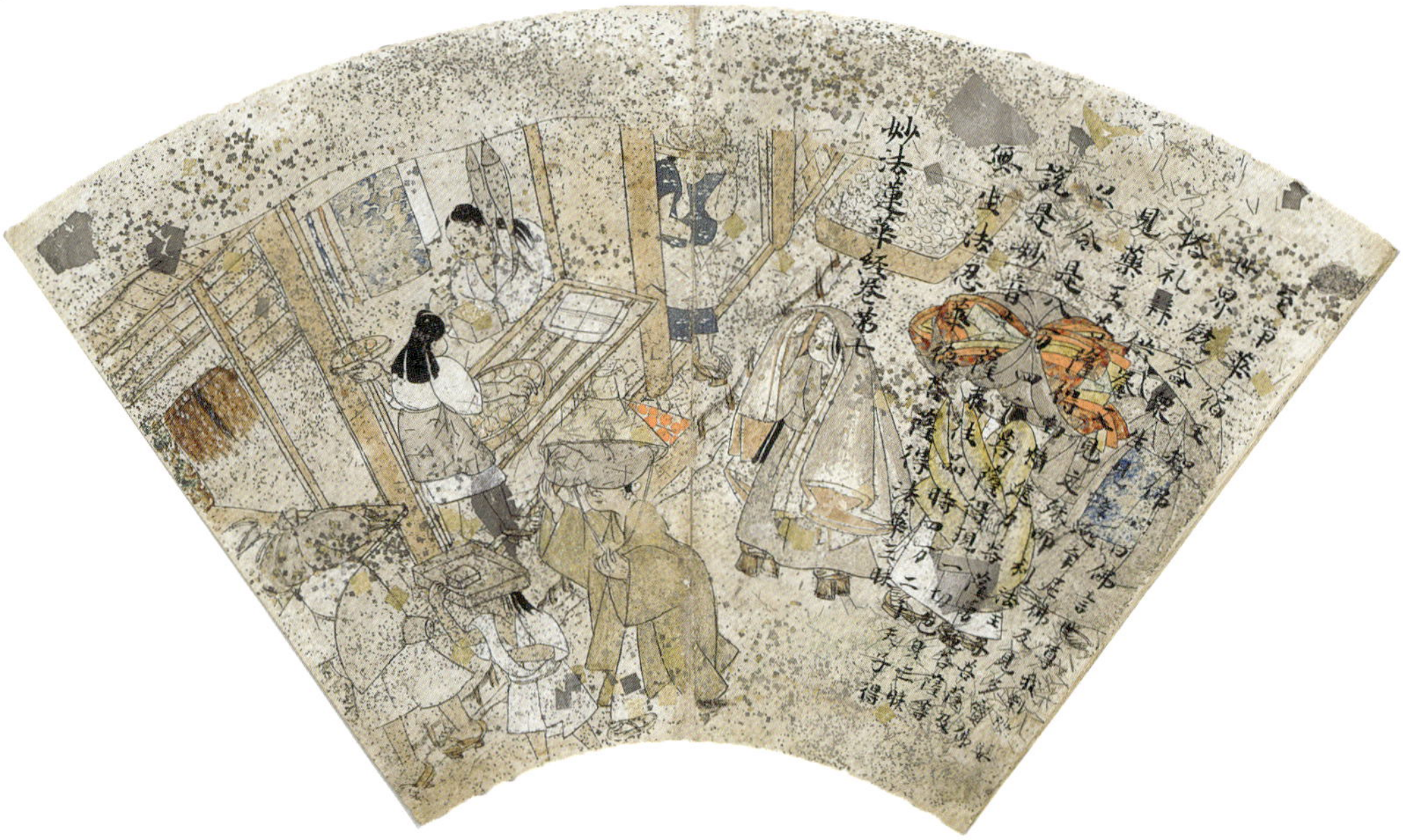

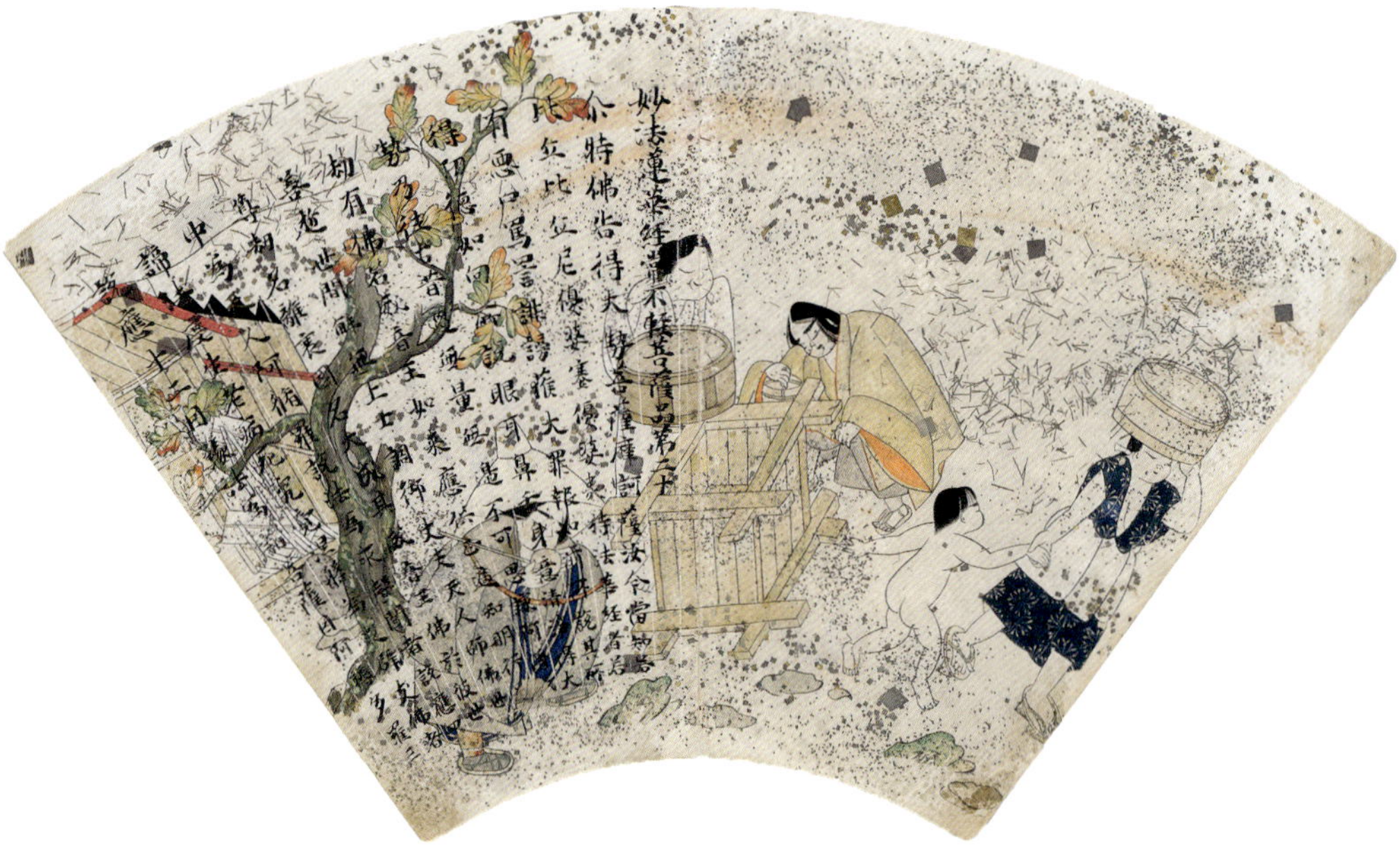

四天王寺，国宝，扇紙59枚，表紙5帖分，辺25.8㎝，平安時代（12世紀中頃）

扇に描かれた十二世紀の風俗

十二世紀の中頃に制作されたと推定される四天王寺《してんのうじ》伝来の扇面古写経(扇面法華経冊子)は、贅《ぜい》をこらした扇紙《おうぎがみ》に法華経と開結《かいけつ》二経(無量義経《むりょうぎきょう》・観普賢経《かんふげんきょう》)を書写した、いわゆる装飾経の一つである。金銀の箔《はく》や野毛《のげ》・砂子《すなご》などを散らし、さまざまな絵を描いた扇紙を粘葉装《でっちょうそう》の冊子に仕立てている。成立当初は一〇帖《じょう》、扇絵の枚数にすると少なくとも一一五枚はあったと考えられる。このうち、六帖分五九枚が現存している。

扇紙の絵柄は、十羅刹女《じゅうらせつにょ》(一〇五頁参照)を描いた表紙を除き、経文《きょうもん》の内容とは関係がない。動植物や建物だけを描いたものもあるが、圧倒的に多いのは、当時の風俗を描いた画面である。とりわけ、庶民の暮らしぶりや働く人々の姿を画題として数多く取り上げており、貴重な歴史資料ともなっている。また、雪景色や水辺の景観など涼しげな題材が好まれている点も、扇絵としての特色の一つである。右頁の上図は物売りの店頭風景、下図は井戸端の情景を描いている。

木版の使用

この作品には、同一図様の反復がしばしば認められる。これは、この扇絵が木版を使用していることによって起こる現象である。まず木版で下絵を刷り、その上から彩色をほどこし輪郭を墨線《すみせん》で描き起こしている。また同一の版ではないが、よく似た図様構成も見られる。これらから一般に流通していた扇紙を写経料紙《しゃきょうりょうし》に転用し、金銀箔や墨流しなどの装飾を加えたと推測されている。

扇絵と法華経と女性

扇には、檜《ひのき》の薄い板を綴じた檜扇《ひおうぎ》と、骨に紙を貼った蝙蝠《かわほり》の二種類がある。このうち蝙蝠は、実際に暑さをしのぐための扇として用いられたばかりではなく、扇紙に装飾をほどこし、あるいは絵を描くなどして、装身具《そうしんぐ》としても用いられた。扇絵を蝙蝠に仕立てず、紙絵《かみえ》のまま鑑賞することも、すでに十世紀からおこなわれている。とくに後宮《こうきゅう》の女性たちは、歌を書きつけたり、扇紙の優劣を競い合ったり(扇紙合《おうぎがみあわせ》。『長秋記《ちょうしゅうき》』一一三五〈保延《ほうえん》元〉年五月の条に、待賢門院璋子《たいけんもんいんしょうし》の扇紙合の記事がある)するなど、風《ふ》流《りゅう》な趣向をこらす対象として扇を愛好した。一方、法華経がとくに女性に信仰された経典《きょうてん》であったことを考え合わせると、華麗な扇絵の上に法華経の書写をおこなったこの扇面古写経という作品自体、女性が深く関わった可能性が高い。そうした観点から、これは鳥羽《とば》院の皇后高陽院《こうこうかやのいん》が発願《ほつがん》してつくらせ、一一五二(仁平《にんぺい》二)年に四天王寺へ奉納したものと考える説がある。

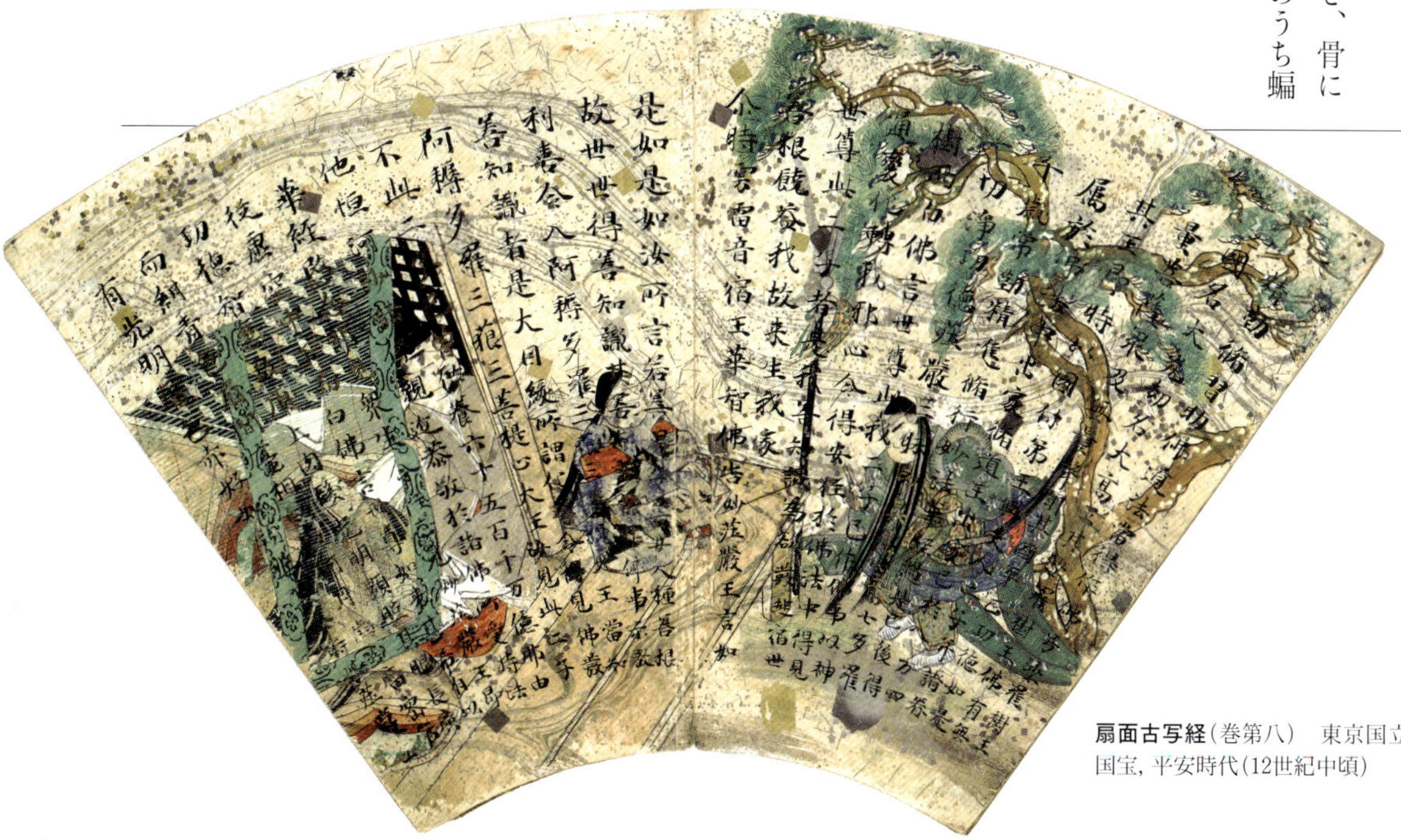

扇面古写経(巻第八)　東京国立博物館, 国宝, 平安時代(12世紀中頃)

高山寺，国宝，紙本墨画，全4巻のうち甲巻部分，縦30.4〜31.2㎝，平安〜鎌倉時代(12〜13世紀)

鳥獣戯画
(鳥獣人物戯画)

ちょうじゅうぎが(ちょうじゅうじんぶつぎが)

四十四

鳥獣人物戯画(上，高山寺，第9〜10紙)と**年中行事絵巻**(下，宮内庁書陵部，鷹司模本第6巻)の共通図様

白描画の傑作

京都栂尾《とがのお》の高山寺《こうざんじ》に伝わる『鳥獣人物戯画』全四巻は、白描画《はくびょうが》の傑作として世に名高い。しかし、甲《こう》・乙《おつ》・丙《へい》・丁《てい》の名で呼ばれるこれら四巻は、描かれた内容も成立の時期も、それぞれに異なっている。甲巻は、猿・兎・狐・蛙など動物を擬人化し、さまざまな遊びや法《ほう》会《え》の様子を描いたもので、十二世紀中頃の作。第一紙から第一〇紙までと第一一紙以降とでは筆致が異なり、同じ筆者ではないとされる。乙巻は、馬や鶏など実在の動物、あるいは獅子や龍など想像上の動物を絵手本《えてほん》風に描いたもので、甲巻第一一紙以降の筆者の手になると考えられ、十二世紀中頃の作である。丙巻は、前半に人間の遊戯の様を、後半には甲巻と同様、擬人化された動物たちを描いたもので、十二世紀末から十三世紀初め頃の作。この巻も前半部と後半部は異なる筆者によって描かれている。丁巻は、人間のさまざまな姿態を粗い筆致で描いたもので、十三世紀半ばの作と考えられる。

これら四巻は、通常の絵巻物とは違って詞《ことば》書《がき》がついていない。『鳥獣人物戯画』を代表する甲巻は、とりわけ闊達《かったつ》自在で動物たちをいきいきと描き出し、主題も制作意図も不明ながら、画面からにじみ出る滑稽味や楽しさは、時代を超えて、見る者を魅了しつづけてきた。

なお、もと甲巻の一部であった断簡が数点伝来し、東京国立博物館やMIHO MUSEUMなどに所蔵されている。

動物たちの法会

本図は甲巻である。蛙を本尊と見立て、猿が導師《どうし》となった法会の場面である。光背《こうはい》のかわりに芭蕉《ばしょう》の葉を背負い、蓮台《れんだい》のかわりに蓮の葉を敷いて、蛙は結跏趺坐《けっかふざ》のまねごとをしながら手印《しゅいん》を結び、壇の上ですましこんでいる。猿のほうは、獣皮らしい敷物の上に座り、袈裟《けさ》をつけ、柄香炉《えこうろ》のつもりか木の枝をもつ。大声で誦経《ずきょう》している様をあらわすのであろう、口から息のようなものをはいている。猿の後ろでは、経巻《きょうかん》を並べた経机《きょうづくえ》を前に、狐と兎の供僧《ぐそう》がやはり誦経の様子である。上方には、それぞれ数珠《じゅず》を手にした動物たちがいる。猿は袂《たもと》でしきりに涙を拭い、衣を被《かず》いた狐は扇《おうぎ》で口元をかくしている。

鳥羽僧正覚猷

この作品の筆者とされる覚猷《かくゆう》(一〇五三〜一一四〇)は、『今昔物語集《こんじゃくものがたりしゅう》』の編者ともいわれる源隆国《たかくに》(一〇〇四〜一〇七七)の子で、晩年には天台座主《てんだいざす》にも任ぜられた、当代一級の人物であった。鳥羽《とば》上皇の信任厚く、鳥羽離宮内の証金剛院《しょうこんごういん》に住み(鳥羽僧正《そうじょう》といわれるのはこのためである)、鳥羽宝蔵の管理をまかされていたらしい。また園城寺《おんじょうじ》法輪院《ほうりんいん》にも住み、種々の密教《みっきょう》図像類を収集していたといわれる。自ら絵を描き、その技量は高く評価されていた。『古今著聞集《ここんちょもんじゅう》』などのちの文献には、覚猷が戯画にも巧みであったことが記されているが、『鳥獣人物戯画』の筆者の一人であることの確証はない。

甲巻の修理

二〇〇九年から始められた甲巻の修理の際、第一紙から第一〇紙までと、第一一紙以降では料紙《りょうし》が異なることや、現状第一一紙は第二三紙につながることが明らかになった。以前より指摘されてきた筆致の違い、断簡の存在、江戸時代の模本に登場する別の場面などを考え合わせ、現在の甲巻がもとは三巻であったことが説かれている。

なお、「鳥獣戯画」と呼びならわされてきたが、丙巻後半部や乙巻は人物の戯画であることから、全体を指すときは「鳥獣人物戯画」を正式名称とする。

『鳥獣人物戯画』の筆者は?

甲・乙両巻に描かれた図様とまったく同一の図様が、宮廷文化のなかから生み出された『年中行事絵巻《ねんじゅうぎょうじえまき》』と、密教の図像類のなかに見出されたことにより、『鳥獣人物戯画』の筆者は、宮廷的な世俗絵画と密教絵画の両方に関わることのできた人物であろうと考えられている。

奈良国立博物館, 国宝, 紙本著色, 縦26.7cm, 鎌倉時代

地獄草紙

じごくぞうし

四十五

伺便《しべん》餓鬼(部分)　東京国立博物館, 国宝, 縦27.3cm, 鎌倉時代
永遠の飢えと渇きに苦しむ餓鬼道を描く『餓鬼草紙』河本家本の１図である。ここに描かれた風俗は、街角にある共同便所の様子らしい。高下駄を履いた老若男女が塀の陰で排便している。人間の便を食すしかない餓鬼がそこに集まってくるが、人の目には映っていない。12世紀の生活資料としても注目すべき絵巻である。

地獄草紙

生前の悪行の報いとして、人(＝衆生)が地獄の責め苦を受け苦しむ様を描いた絵巻である。日本美術コレクターとして名をはせた近代の実業家原三渓《さんけい》所蔵であった一巻は、現在、奈良国立博物館の所蔵(奈良博本。原家本とも呼称)、また、岡山市国富《くにとみ》の安住院《あんじゅういん》に伝来した一巻は、現在、東京国立博物館の所蔵(東博本。安住院本とも呼称)である。このほか、前者の断簡一図が米国・ボストン美術館に所蔵される。

二巻とも、「またこの地獄に別所あり」あるいは「また別所あり」の一文から始まる詞書は、尿糞所、函量《かんりょう》所、鶏地獄といった別所(小地獄)の名称をあげ、次いで、その地獄に堕ちる衆生の生前の悪行、そして責め苦の内容を具体的に語るという形式で、平明な文章を読みやすい書体で記している。絵は、人々のさまざまなポーズ、苦しみの表情、地獄の獄卒の恐ろしい姿を抑揚のある線で描き出し、画面の大半を黒い背景で覆ったなかに地獄の炎や責め苦の情景がくっきりと浮かび上がっている。とくに、短く線を区切って描き継いでいく人体の描線の特徴や顔の表情などが十二世紀後半の『伴大納言絵巻《ばんだいなごんえまき》』に近似することが注目される。

奈良博本は、「起世経《きせきょう》」が説く叫喚地獄の一六別所、東博本は、「正法念処経《しょうほうねんしょきょう》」が説く八大地獄の一六別所をあらわしており、詞書書風や絵の画風から、制作年代は、十二世紀後半から末期と考えられている。これら二巻の地獄草紙は、画風や料紙法量が近い『餓鬼《がき》草紙』(京都国立博物館一巻、東京国立博物館一巻)や『病《やまい》草紙』(九州国立博物館ほか一七図)、そして、僧や尼の堕地獄の苦しみをあらわす『沙門《しゃもん》地獄草紙』(五島美術館)と、もとは一具(セット)であった可能性が大である。すなわち、これらの絵巻は、「真経寺紙背文書」中の一二三三(貞永《じょうえい》二)年書状に登場する蓮華王院宝蔵の六道絵の一部であり、後白河法皇《ごしらかわほうおう》の命によって制作されたものとみなされるのである。

鉄鎧所

本図は、奈良博本の「鉄磑所《てつがい》」で、他人の物をだまし盗った者が堕ちる地獄である。詞書に「このところに獄卒罪人をとりて、くろがねのするうすにいれてしきりにすりひしぐ」とあるように、罪人は鉄の大臼ですり潰されている。右には箕《み》に集めた罪人の体を捨てる様が描かれている。足を臼に押し当て踏ん張って臼を挽《ひ》く獄卒、両手に罪人の体をぶら下げ、それを臼に入れている獄卒、そして箕に集めた罪人の体を捨てる獄卒。褌裸形の姿で見開いた大きな目、潰れた鼻、尖った歯が並ぶ大きな口であらわされた四人の獄卒は、類型的な地獄モチーフでありながらも、より具体的でいきいきとした表現であり、そこに、これら奈良博本や東博本の地獄表現の特性が認められる。

輪廻転生の思想

インドの輪廻転生の思想を受け継いだ仏教では、すべての衆生が六道《ろくどう》を転生すると説く。六道とは、天・人・阿修羅《あしゅら》の三善道と地獄・畜生・餓鬼の三悪道からなり、車輪が回り続けるがごとく人は転生を繰り返すとされている。「起世経」や「正法念処経」は、とくに地獄道や餓鬼道の苦しみやおぞましさについて詳しく述べている。天台僧源信《げんしん》は、それら諸経典の教えを集めて『往生要集《おうじょうようしゅう》』を著し、「厭離穢土《えんりえど》」と「欣求浄《ごんぐじょう》土《ど》」すなわち、六道輪廻の苦しみから抜け出し極楽浄土へ行くことを願いなさいと念仏や観想《かんそう》の方法を説いた。

仏教では、釈迦《しゃか》の入滅二〇〇〇年後に仏の教えがまったく顧みられなくなり世界が滅んでいく末法の時代が来るとされていた。日本では、一〇五二(永承《えいしょう》七)年から、その末法の世が始まると考えられており、貴族たちは、末法の世を恐れ、仏の加護を願って、御堂を造営し仏像をつくらせ、写経に励み、さまざまな法要を営んだりした。源信の教えは、貴族だけでなく、仏法の衰えを危惧しこの世の終わりという終末感に不安をいだく多くの人々の心をとらえた。

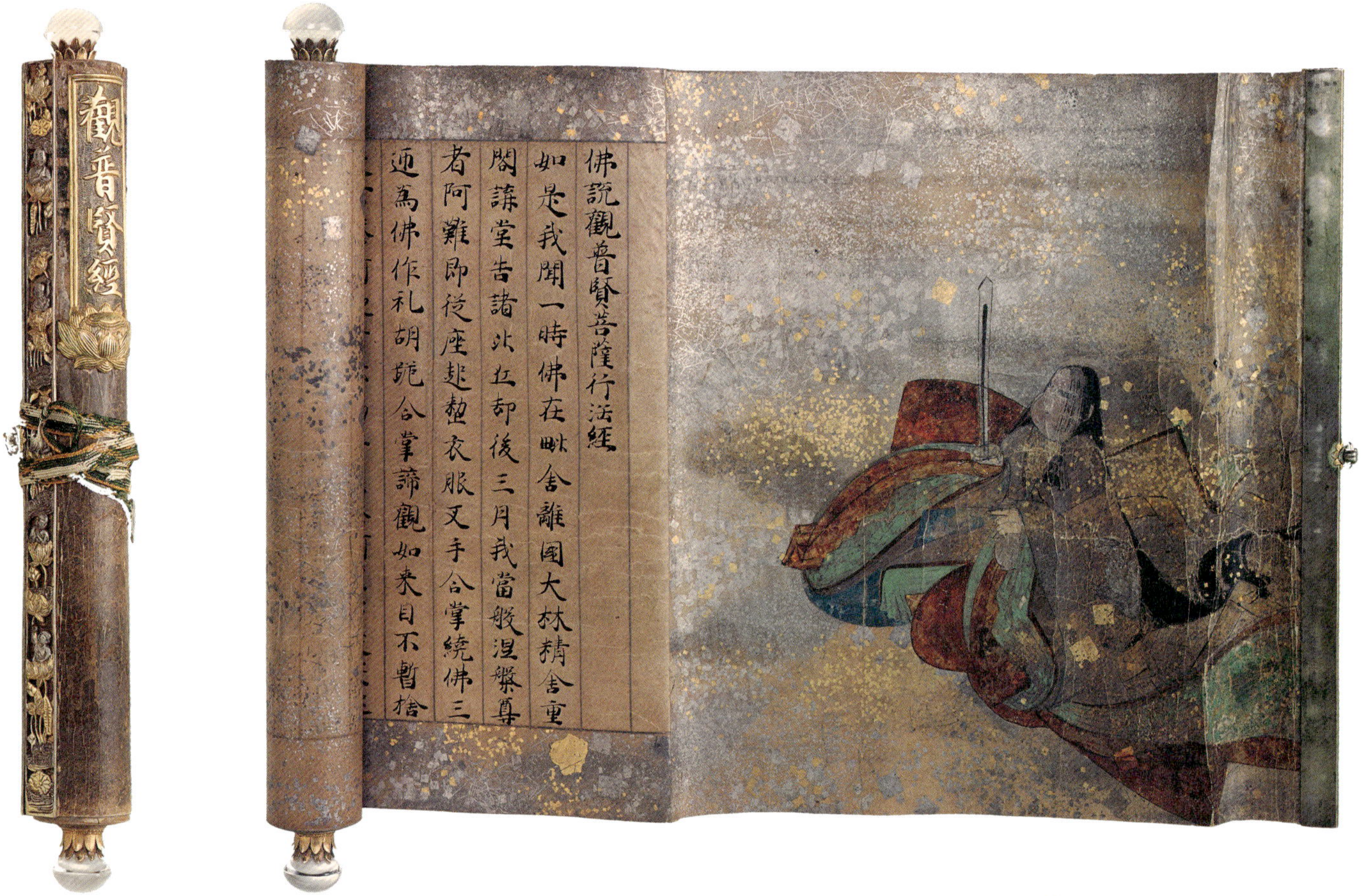

厳島神社，国宝，紙本著色，全33巻，縦（見返し）25.5cm，平安時代（1164年）

平家納経

へいけのうきょう

四十六

『平家納経』とは

現在も厳島神社《いつくしまじんじゃ》に残る『平家納経』は、平清《きよ》盛《もり》が願主となって制作し、一門の繁栄を祈って厳島神社に奉納した装飾経一具《ぐ》である。権勢を極めた平氏一門の、信仰と栄華の証である。金銀をありあまるほどに使用したこの絢《けん》爛《らん》たる装飾経はまた、院政《いんせい》期の美術における耽美《たんび》主義の、一つの極致であるともいわれている。

『平家納経』は、法華経《ほけきょう》二十八品《ぼん》と、無量《むりょう》義経《ぎきょう》(開経《かいきょう》)・観普賢経《かんふげんきょう》(結経《けっきょう》)の開結《かいけつ》二経、これに阿弥陀経《あみだきょう》・般若心経《はんにゃしんきょう》、奉納の願文《がんもん》を合わせ、合計三三巻である。この数は、厳島神社の本地仏《ほんじぶつ》である観世音菩薩《かんぜおんぼさつ》の三十三応身《おうしん》(衆《しゅ》生《じょう》を救済するため、観音は三三の異なる姿に変ずるとされる)にもとづく。一一六四(長寛《ちょうかん》二)年の清盛自筆願文によれば、一門の人々が一人一品ずつ担当して制作し、奉納したものであるという。しかし、このうち般若心経は一一六八(仁安《にんあん》三)年、清盛が太政大臣《だじょうだいじん》に任ぜられた際の奉納であるなど、現状が必ずしも願文に述べられている姿と一致するわけではない。

豪華な外観

本図左は観普賢経を巻きおさめたところである。銀製鍍金《ときん》の題簽《だいせん》を鏨《のみ》で彫り削り、「観普賢経」の文字を魚々子地《ななこじ》の上に浮かび上がらせている。題簽は通常、紙あるいは布製であり、このように金属製の題簽を紙の上に貼りつけてしまうというやり方はほかに例がない。蓮の花と童子をあらわした鍍金銀の縁金具、水晶と飾り金具による軸首とともに、経巻を開く前から、その過剰ともいえる金銀の輝きが見る者を圧倒する。

女房姿の羅刹女

本図右は観普賢経の巻頭を開いたところである。金銀の箔や野毛《のげ》(金箔や銀箔を細く切ったもの)・砂子《すなご》(金箔や銀箔を細かい粉状にしたもの)で装飾された見返しに、女房装束をつけた女性を描く。右手に剣、左手に水《すい》瓶《びょう》をもつこの女性は、十羅刹女《じゅうらせつにょ》の五番目にあたる黒歯《こくし》羅刹女である。十羅刹女とは、法華経の陀羅尼品《だらにぼん》に「法華経を読誦《どくじゅ》し、受持する者を擁護する」と述べられている一〇人の守護神のことで、一種の鬼女のはずである。それをこのような優しい女性の姿に描くところに、この時代の人々の嗜好があらわれている。

本図の黒歯羅刹女は、十二世紀前半の『源《げん》氏物語絵巻《じものがたりえまき》』(第四十図)の女房装束の女性像と比較するとその表現にはいくぶん硬さが見られ、色彩もやや暗い。その一方で、金銀の砂子を層状に瑩《みが》き付《つ》けた上に、大小の金銀箔をちりばめるなど装飾性はより進展しており、まさに過差美麗の世界である。本紙は背面にも金銀箔が散らされており、富者の美と呼ぶにふさわしい豪華さである。

法華経信仰と装飾経

法華経は、女人成仏《にょにんじょうぶつ》を説く唯一の経典として、平安時代後期の女性たちに厚く信仰された。法華経の功徳《くどく》にあずかるには、これを写書し、読誦《どきょう》し、受持することが大切であるといわれる。そこで後宮《こうきゅう》の女性たちは、法華経を書写すると同時に、当時の好みを反映して、経典を美しく装飾する(荘厳《しょうごん》する)ことに心を砕いた。例えば『栄《えい》華物語《がものがたり》』には、一〇二一(治安《じあん》元)年、皇太《こうたい》后宮妍子《こうぐうけんし》の女房たちが語らって法華経を書写し、供養したときの様子が記されているが、それによれば、経巻は金銀・瑠璃《るり》・真珠で飾られ、経とは見えぬほどすばらしいものであったという。

このように、料紙《りょうし》や装丁に工夫をこらして美しく仕立てられた経巻を、一般に装飾経と呼ぶ。装飾経には法華経が多く、この場合、法華経二十八品と開経の無量義経、結経の観普賢経を合わせ、三〇巻を一具とするのが普通である。『平家納経』は、現存する装飾経としてはもっとも華麗な完本として名高い。

東大寺南大門《とうだいじなんだいもん》

奈良市雑司町, 国宝, 五間三戸二重門, 入母屋造, 本瓦葺, 鎌倉時代(1199年)

四十七

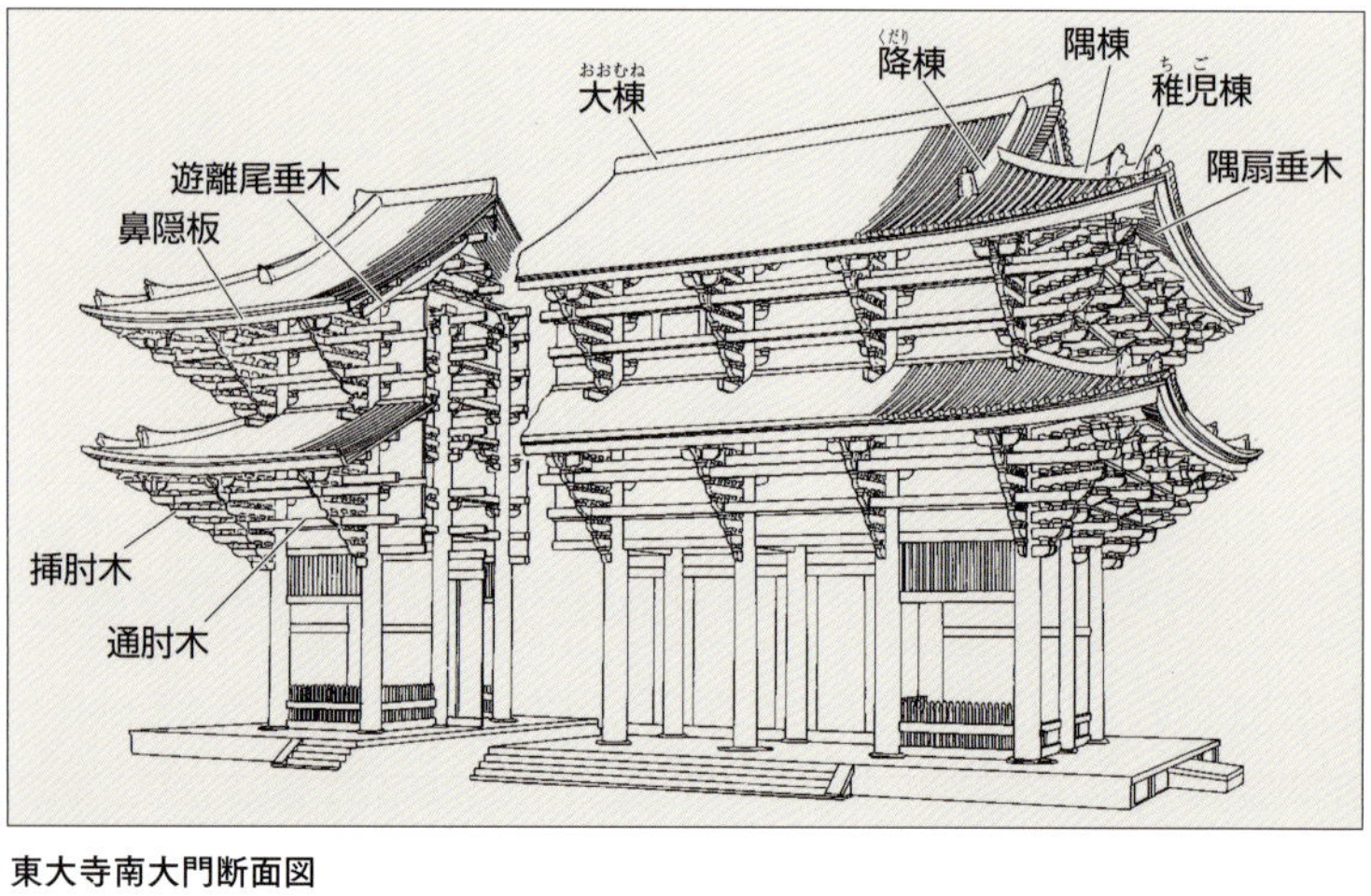

東大寺南大門断面図

東大寺南大門軒下の挿肘木

重源の東大寺再建

一一八〇(治承《じしょう》四)年十二月、平重衡《たいらのしげひら》の南都焼打ちによって、東大寺は天平《てんぴょう》創建以来の大仏殿以下多くの堂塔が焼失し、残ったのはわずかに法華堂《ほっけどう》・正倉院《しょうそういん》・転害門《てがいもん》だけであった。翌一一八一(養和《ようわ》元)年、朝廷は東大寺を復興するために造寺官を任命したが、再建の技術・費用ともに目処《めど》が立たなかった。そこで朝廷は渡宋経験があり東大寺の再建を申し入れた俊乗房重源《しゅんじょうぼうちょうげん》を大勧進《だいかんじん》に任じ、再興を進めることにした。重源は浄土教《じょうどきょう》信仰者であり、配下に多数の念仏衆をもっていて、彼らを諸国に派遣して庶民から小額の寄進を集め、大きな費用として再興を果たそうとした。これは、中世的な新しい募金活動であった(勧進という)。

重源はまず、大仏の再興に取り組んだ。国内技術では無理であることがわかったとき、幸運にも宋人鋳物師陳和卿《いもじちんなけい》以下の参加を得て、四年後の一一八五(文治《ぶんじ》元)年に開眼供養《かいげんくよう》を果たした。続いて大仏殿の建設に着手し、周防《すおう》の山中から長大材を運び、一一九五(建久《けんきゅう》六)年に天皇と鎌倉将軍　源頼朝《みなもとのよりとも》を迎えて竣工式を開いた。その後、大仏殿の回廊、戒壇《かいだん》院《いん》などを再興し、一一九九(正治《しょうじ》元)年に南大門を再建した。

日本の伝統的な様式「和様《わよう》」にはなかった新しい技術と形を用いており、それに対して、江戸時代には「天竺様《てんじくよう》」という言葉が与えられ、現在は「大仏様《だいぶつよう》」という。

新技術の建築

大寺院の正門である南大門は、二重の門にするのが奈良時代以来の伝統である。しかし、東大寺南大門は、すべての柱を通し柱とするので、従来とはまったく異なった構造となっている。屋根は二重に見えるのだが、太い柱が屋根の直下までのびて、下重の屋根は腰屋根として差し込まれているに過ぎない。内部に天井や二重の床を張らないので、下から見上げると太い柱を緊結する貫《ぬき》が縦横に組み固められていることがわかる。

組物は、挿肘木《さしひじき》と呼ぶ形式で、柱に差し込んだ肘木を一段ごとに前に送り出して軒を支える。長く突き出た組物の横振れをとめるために組物間を宙に浮いた通肘木《とおし》でつなぐ。上層の柱間には遊離尾垂木《ゆうりおだるき》という斜材が天秤状に出桁を支えている。軒は一軒で垂木に反りがなく、その先端に鼻隠板《はなかくしいた》を打つ。垂木は隅では放射状の扇垂木となっている。

この建築に用いられた構造や細部の技術は、中国の南方福建《ふっけん》地方に類似の建築があるので、それが導入されたようだ。陳和卿らの中国工人の建築技術が発揮されたと判断したい。

貫などの新技術は構造的には有効であり、和様建築にも普及していった。しかし組物、軒回りの意匠は特殊なものとして、重源死後は忌避されてしまった。

豊臣秀吉《とよとみひでよし》の方広寺《ほうこうじ》大仏殿では大仏様が用いられたので、「大仏殿様式」として認識されていたことが知られる。

東大寺重源上人像　国宝，木像・彩色，像高82.2 cm，鎌倉時代(13世紀)

東大寺重源上人像

東大寺俊乗堂に安置される彫像で、東大寺鎌倉再興を果たした大勧進俊乗房重源の肖像彫刻である。

重源は広く勧進を進めると同時に、後白《ごしら》河《かわ》法皇、源頼朝に援助を仰ぎ、さらに造営料国として周防・播磨《はりま》・備前《びぜん》・安芸《あき》・肥前《ひぜん》を獲得して資材の調達にあたった。とくに周防国には自ら下向して長大材を得ている。また播磨浄土寺《じょうどじ》・伊賀新大仏寺・周防阿弥陀寺・摂津渡辺別所など七カ所に別所を設けて、再建事業の拠点とした。それぞれに一間四面の浄土堂を設けたのは、念仏衆の特徴を示す。そのうちの一つ、播磨の浄土寺に浄土堂が残っており、大仏様の典型例として貴重である(国宝)。

上人像は重源に多くの仏像を依頼された慶派の仏師が、一二〇六年の重源死後、間をおかずに制作したものと考えられる。

阿形像(左)・**吽形像**(右)　国宝，木造・彩色，像高(阿形像)836.3㎝・(吽形像)842.3㎝，鎌倉時代(1203年)，運慶・快慶等作

東大寺南大門金剛力士像《とうだいじなんだいもんこんごうりきしぞう》

四十八

東大寺南大門金剛力士像

東大寺南大門(第四十七図)に向き合って安置されているこの金剛力士像(仁王像)は、記録(『東大寺別当次第《べっとうしだい》』)によると、運慶《うんけい》・快慶《かいけい》ら二〇人の仏師によって一二〇三(建仁《けんにん》三)年七月二十四日につくり始められた。彼らはこの八mを超える巨像をわずか七〇日足らずで完成させたという。東大寺の総供養(復興の完成を祝う儀式)に合わせた強行日程であったが、大変な速さである。彩色を一カ月ですませたとしても、彫刻は四〇日ほどで完成させたことになる。

阿形《あぎょう》像(口を開く)は筋肉や裙《くん》の襞《ひだ》の表現が技巧的で、忿怒《ふんぬ》の表情もより直接的に明解である。そして正面観の均整を重視している。吽形《うんぎょう》像(口を閉じる)はそれほど細部にとらわれず、仁王像としてはむしろ動きを抑え、しかも内側から湧き上がるような力が感じられ、奥行のある空間表現、すなわち彫塑《ちょうそ》性が強調されている。こうした表現を彼らのほかの作品と比較して、阿形を快慶が、吽形を運慶が担当したと考えられてきた。

しかし一九八八(昭和六十三)年から一九九三(平成五)年におこなわれた解体修理の際、阿形の金剛杵《こんごうしょ》から見つかった墨書銘に運慶と快慶の名が、吽形像におさめられていた経典《きょうてん》の奥書には定覚《じょうかく》と湛慶《たんけい》の名が記されていたことから、担当仏師について再考を迫られることになった。全体を統括した運慶が阿形は同輩の快慶に任せ、むしろ吽形に手を入れたとみる考え方や、巨像をつくる際に重要となる雛《ひな》型の作風が反映されている可能性などが、新たに指摘されている。〝陽〟にあたる阿形を快慶に、〝陰〟にあたる吽形を運慶に、ちょうど両者の作風と反対に配分したことで両像の一組としての調和が保たれたともいえ、工房の主宰者としての運慶の統率力がみごとに発揮されている。

阿形と吽形

夏目《なつめ》漱石《そうせき》の『夢十夜《ゆめじゅうや》』中、第六夜は、仁王を彫る運慶をめぐる話である。漱石の念頭には東大寺南大門の仁王像があったに違いなく、それほどに有名で名実ともに日本の木彫像の最高峰に位置するのがこの作品である。

寺院の門に安置される仁王は金剛力士とも呼ばれる。仏教の守護神の一つである執金剛《しゅこんごう》神《しん》がその原形で、寺院の境内を守る役目を与えられ、二軀に分けてつくられて門におかれるようになった。頭上に小型の髻《もとどり》を結い、忿怒の形相で、筋骨隆々たる上半身をあらわし、身には天衣《てんね》をかけ、裙をつけるのみである。手にする武器は金剛杵といい、いかなるものも破砕する強力な武器であるという。普通、向かって右に阿形、左に吽形がおかれるが、東大寺では逆に配置されている。これは清《せい》涼《りょうじ》寺釈迦《しゃか》如来立像の体内から発見された霊山釈迦浄土図などに見られる、宋代仏画の影響であることが明らかとなった。

阿形像から見つかった墨書銘

一九九一(平成三)年の解体修理の際、阿形像の金剛杵から墨書銘が見つかった。そこには、金剛力士像の造仏にかかわった人物の名が記されていた。

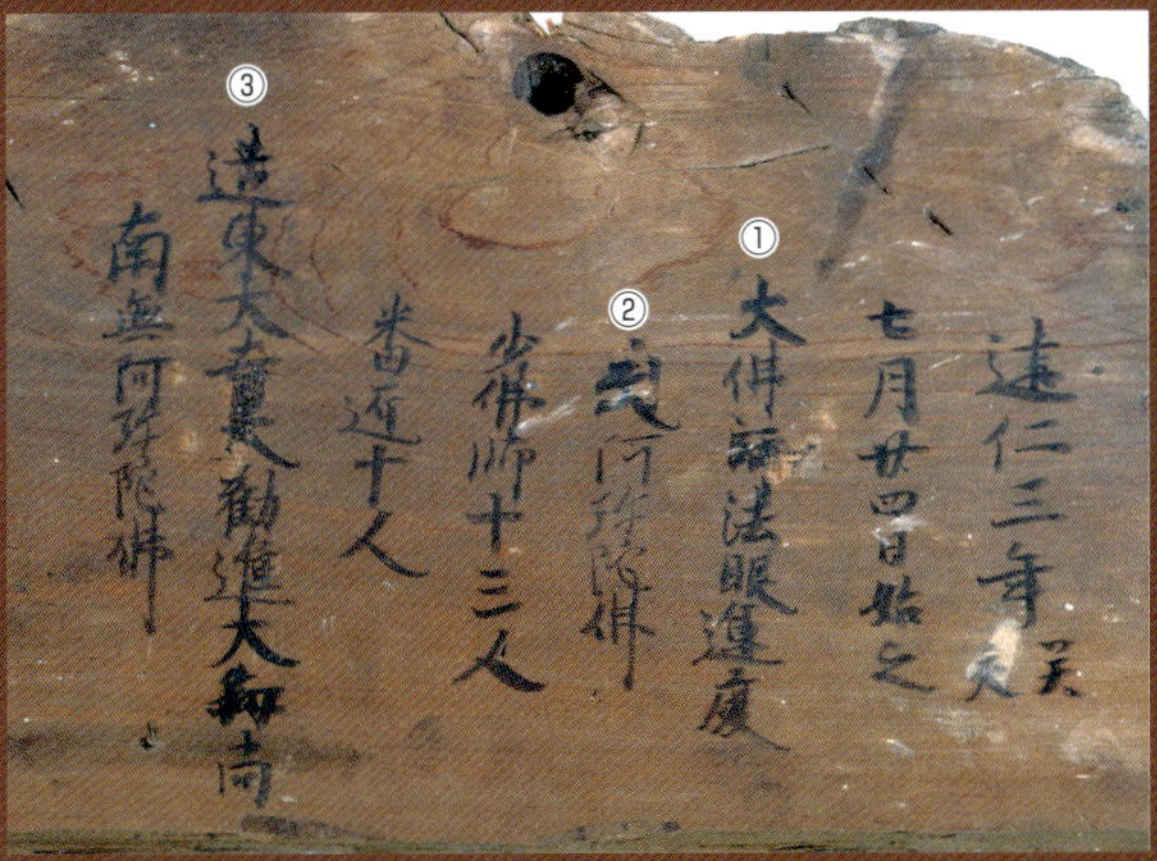

墨書銘に書かれたおもな内容
①大仏師法眼運慶
②(安)阿弥陀仏(快慶の別称)
③造東大寺大勧進大和尚南無阿弥陀仏(重源の別称)

四十九

一遍上人絵伝《いっぺんしょうにんえでん》（武士の館《ぶしのやかた》）

清浄光寺（遊行寺）、国宝、絹本著色、全一二巻のうち四巻一段、縦三八・一cm、鎌倉時代（一二九九年）、法眼円伊筆

館の構造と異時同図法で描かれた一遍

一遍の生涯

時宗《じしゅう》の開祖《かいそ》一遍上人(一二三九〜八九)の生涯を描いたこの絵巻は、神奈川県にある清《しょう》浄光寺《じょうこうじ》(遊行寺《ゆぎょうじ》)に伝わる全一二巻の大作(うち第七巻のみ、現在東京国立博物館保管)である。『法然《ほうねん》上人絵伝』『親鸞《しんらん》上人絵伝』などとともに、鎌倉時代に多く制作された祖師《そし》伝絵巻(諸宗派の祖師の伝記を説いた絵巻)の一つで、鎌倉絵巻を代表する。

一遍は、一二三九(延応《えんおう》元)年に伊予《いよ》国の有力武士の家(河野氏)に生まれ、七歳のときに天台宗《てんだいしゅう》の継教寺《けいきょうじ》に学び、母の死にあって出家の志をもつようになり、一二五三(建長《けんちょう》五)年に教縁《きょうえん》を師として出家し随縁《ずいえん》と号した。一二六三(弘長《こうちょう》三)年に父が亡くなり鎮西《ちんぜい》にわたって浄土宗《じょうどしゅう》の聖達《しょうたつ》に入門して、法名《ほうみょう》を智《ち》真《しん》と改め、一二五歳で修行を終えてからは、諸国を遊行して布教と民衆の教化《きょうけ》に残る半生を捧げるが、その間、独自の宗教理念にもとづいて時宗を確立する。貴賤に分け入り、踊念《おどりねん》仏《ぶつ》を勧める独特の信仰形式が民衆に広く受け入れられ、結縁《けちえん》した者は二五〇万人といわれた。

絵伝の内容

絵巻はこうした一遍の行状を語り、布教の模様とともに各地の名所や社寺の景観を克明に描いている点に特色がある。全巻絹地《きぬじ》を用い、詞書《ことばがき》の料紙《りょうし》は七、八種の色に染め分けて、数人の公卿《くぎょう》の寄合書《よりあいがき》になる。奥書《おくがき》から、一遍没後一〇年をへた一二九九(正安《しょうあん》元)年の作で、一遍の高弟聖戒《しょうかい》が草稿を起こし、法眼円伊《ほうげんえんい》が描いたことがわかる。

画面は全体に人物を小さく扱い、むしろ背景の自然描写に紙面がさかれ、四季折々の風景を美しくとらえて歌絵ないしは名所絵的な趣をも伝える。風俗の描写には深い関心の目がそそがれ、市井《しせい》に田野にゆきかう人々、あるいは念仏勧進《かんじん》に集まる群集のあり様がみごとに活写されている。人物や建築の的確な描写には、現実的な再現をめざす作者の観察眼がうかがわれ、山水の表現には中国より伝わった宋の山水画風の影響も指摘できる。やまと絵の伝統のうえに宋画の力強い表現を加味した作風は独得である。

館の風景

本図は第四巻の第一段。一二七六(建治《けんじ》二)年、九州筑前《ちくぜん》の国を遊行中の一遍が、ある武士の館に立ち寄り念仏を授ける場面。屋内では折しも酒宴の最中であったが、一遍の姿を見つけたこの家の主人は庭に降りて、念仏の勧めを受けるのであった。

画面にはその情景とともに館の模様が詳細に描かれる。門前には客人の従者が主人の退出を待ち、その前を出ていく一遍の姿が見られる。異時同図法《いじどうずほう》によって同一画面に一遍が二度描写され、物語の推移が巧みにあらわされている。

館の周囲は溝で囲まれ、門の上の櫓《やぐら》には楯や弓矢など武具が並び、母屋の近くには鷹狩のための鷹がいて、奥には馬場が、右手には厩《うまや》があり、武士の館であることがわかる。主人の信仰を物語るのが庭の右手にある持仏堂《じぶつどう》である。

五十

一遍上人絵伝《いっぺんしょうにんえでん》（福岡市《ふくおかのいち》）

清浄光寺（遊行寺）、国宝、絹本著色、全一二巻のうち四巻三段、縦三八・一cm、鎌倉時代（一二九九年）、法眼円伊筆

銭で商品を買う様子

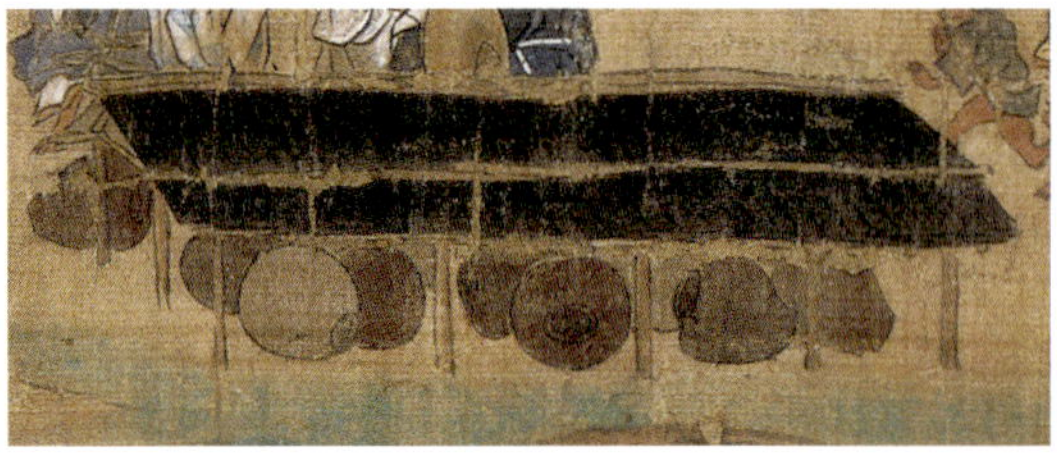

大型の壺

船着場の様子

景観の描写

一遍が残した足跡は、伊予《いよ》を起点に北は東北地方から南は九州地方にいたり、絵巻の画面に登場する舞台も奥州・関東・東海・信州・畿内・紀州・山陰・山陽・四国、それに九州と各地におよんでいる。そこに描かれる高《こう》野《や》・熊野《くまの》・石清水八幡《いわしみずはちまん》などの伽藍《がらん》配置や建築の構造は、当時の古い絵図や垂迹《すいじゃく》曼荼羅《まんだら》図と比べても細部にわたり正確である。

ただ絵師がすべて現地に赴いて写生したわけではない。寺社は単独で絵に描かれているので、実地に見聞しなくとも描くのが可能である。しかし一遍や筆者の聖戒《しょうかい》にとって記念すべき場面は絵師も赴いたことであろう。この備前の福岡市の場面はその一つであって、この地で一遍は二八〇余人の多くを出家させ、初めて一遍の信仰が広く認められたのである。

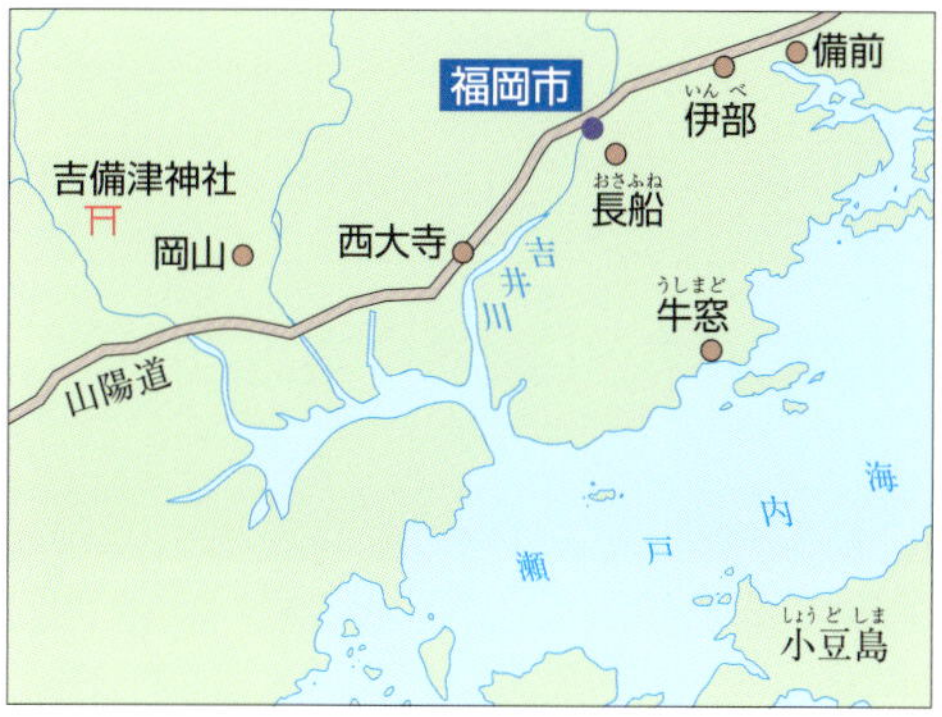

福岡市の場所

一遍の受難

本図は第四巻第三段の、一遍が福岡市で難を受ける場面である。一二七八(弘安《こうあん》元)年の冬、備前国藤井の政所《まんどころ》で一遍は念仏《ねんぶつ》を勧進《かんじん》したところ、この家の主人である吉備津宮《きびつのみや》の神主の子息はたまたま不在であったが、一遍の説法を聴いた妻が発心《ほっしん》し、その場で尼となる。家に戻った夫は妻の変身ぶりに驚き、怒り、一遍を追って殺害しようと馬を走らせる。

福岡市でめざす相手を見つけた神主の子息は、太刀に手をやり、今にも斬りかからんとするが、対応する一遍がいささかも動ずることなく、その気迫に心を動かされ、そのまま一遍に帰依するのである。やがて一遍自らの手で男が剃髪《ていはつ》される場面がこれに続く。

備前福岡市

福岡市は岡山県の西大寺《さいだいじ》の東北、吉井《よしい》川沿いの福岡の地である。月三回ほど開かれる市で、絵には規模が小さく草葺《ぶき》の仮小屋が五棟ほどの簡素な市が描かれている。実際はもっと多くの仮小屋があって、この日を期して人々が集まり、活発に売買がおこなわれていた。取引の品々に目をやると、魚・鳥・米・布地・履物、それに備前焼の大壺などがある。大きなまな板の上で魚を料理する男、筵《むしろ》を敷いて枡《ます》で米をはかる男、布の品定めをする女、琵琶《びわ》を奏でる男の姿などもいきいきと活写される。

市の発達

京都では、すでに平安時代末期に七条《しちじょう》の市が市場町として発展し、鎌倉時代には三条や四条にも賑やかな商業街が形成された。また幕府の所在地鎌倉や門前町《もんぜんまち》の奈良にも市があらわれ、多彩な商品が売買されている。そのほか、地方の、この地西大寺などの門前町でも、付近の村から農民たちが市に座を設け、農産物や加工品などを取引に出していた。福岡市の画面は、こうした中世における地方の市の形態を示す資料として極めて興味深い。

なお、市の日ではない閑散《かんさん》とした市を描くのが信州伴野《しんしゅうともの》市の場面で、そこでは近くで鳥がたむろするなか、一遍一行が飢えに苦しみながらも念仏を唱えている様子が描かれている。

五十二

兵庫県加古川市, 国宝, 桁行七間・梁間六間, 一重, 入母屋造, 本瓦葺, 室町時代(1397年)

鶴林寺本堂

かくりんじほんどう

本堂内部

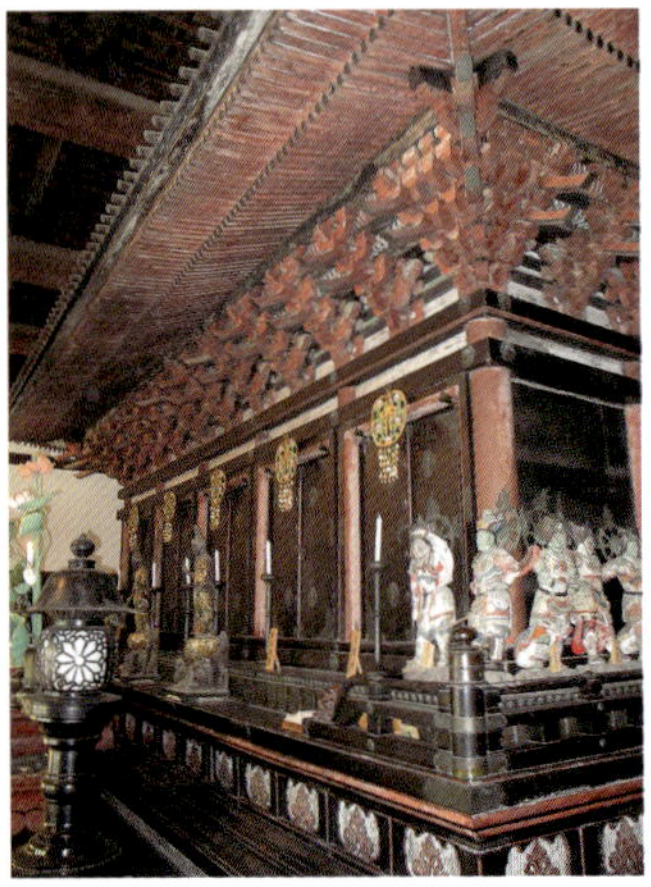

内陣(部分)

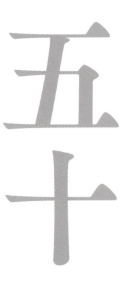

聖徳太子ゆかりの寺

鶴林寺は兵庫県加古川の河口付近に所在する。寺伝では、聖徳太子《しょうとくたいし》(厩戸王《うまやとおう》)が一六歳のとき、秦河勝《はたのかわかつ》に命じて造立させたのが太子堂の創建であると伝えるが、実は平安時代末期の建築である。本来は法華堂《ほっけどう》であって、鎌倉時代末期に聖徳太子を祀るようになり、太子堂と呼ぶようになった。また、本堂をはさんで西側に常行堂《じょうぎょうどう》もあって、天台宗《てんだいしゅう》寺院にふさわしい伽藍《がらん》構成をもっている。

鶴林寺の創立は平安時代のようで、本堂内に安置される本尊薬師如来《やくしにょらい》像および両脇侍《きょうじ》像の造立年代は十世紀後半にさかのぼる。二天像も同時期で、のちに流行する寄木造《よせぎづくり》の初期の作例として注目されるという。すなわち、鶴林寺は平安時代中期には、隆盛を迎えていたようである。また、本堂の内陣下に焼けた礎石《そせき》・土壇《どだん》があって、現在の本堂が焼失後の再建であったことが知られる。

折衷様の本堂

本堂は内陣厨子《ずし》の棟札《むなふだ》から一三九七(応永《おうえい》四)年頃の建築であることが知られる。屋根は入母屋《いりもや》造、瓦葺《かわらぶき》である。平面は、正面七間・奥行六間であって、表側三間を外陣、奥行二間を内陣とし、その両脇を脇陣、内陣の背後を後戸《うしろど》とする。中世の本堂は五間堂が多いので、鶴林寺がこの頃有力な寺院であったことが知られる。

鎌倉時代初期から畿内を中心に、本堂建築が建設されるようになったが、もともと和様《わよう》が用いられていた。そこに大仏《だいぶつ》様・禅宗《ぜんしゅう》様の細部が取り入れられるようになるのが鎌倉時代中期からである。十四世紀になるとそれが進み、華やかな意匠をもつようになり折《せっ》衷《ちゅう》様と呼ばれる。その代表例の一つが鶴林寺本堂である。

柱では伝統的な長押《なげし》をほとんど用いず、貫《ぬき》を多用するので直立感が強い。組物は尾垂木《おだるき》付の二手先《ふたてさき》とする。これは本堂建築としてはもっとも高級な形式である。また柱間には双《ふたつ》斗《と》をおく。

内陣と外陣の境は透格子戸《すかしこうしど》引違い、上部を菱欄間《ひしらんま》とする。これは中世の本堂建築の通例である。外陣は天井が非常に高く、断面円形の虹梁《こうりょう》をわたしてその上に組入天井をのせる。外陣の入側柱から側柱に海老《えび》虹梁をつなぐ。両側では、海老虹梁を二段に連続させて、上昇感を強調している。内陣はそのような際立った意匠をもたないので、対比的である。断面円形の梁は大仏様、海老虹梁は禅宗様の技法である。

しかし、内陣におかれた厨子《ずし》は、特筆すべき意匠をもつ。桁行五間、梁間一間であって、内陣幅一杯の横広である。基壇は和様、高欄は禅宗様、軸部は長押を使う和様、その上の組物は二重尾垂木付の四手先《よてさき》であり、まったくの禅宗様である。軒は和様の二軒繁《ふたのきしげ》垂木とする。要するに下から上に和様、禅宗様の技法を層状に重ねているのである。

中世の本堂建築

天台《てんだい》宗・真言《しんごん》宗は双方とも密教であり、祈禱などを執行した。平安時代に京都で大きな影響力を獲得し、中世になると全国的に支配的な宗教となった。神社と密接な関係をもち(神仏習合という)地方の有力者を檀越《だんおつ》として、多くの荘園を支配した。中世の日本は密教におおわれていた、といって良いだろう。

その密教寺院に建設されたのは、本堂・塔(三重塔・多宝塔、まれに五重塔)・門・庫裏《くり》・僧房《そうぼう》・院家《いんげ》などであった。現存するのは本堂・塔・門に限られる(柱や梁が太いので長寿命である)。

本堂は、本尊を安置する仏堂と前方の礼堂が一つの屋根の下におさまった複合的な建築である。平安時代を経過するうちに、大きな屋根を架けて、平面がほぼ正方形の奥行の大きな本堂をつくることができるようになった。奈良県当麻寺《たいまでら》本堂(一一六一)や滋賀県長寿寺《ちょうじゅじ》本堂(鎌倉時代初期)はその形式のもっとも古い例である。

本堂の内部は、内陣と外陣、背後の後戸、周囲の局《つぼ》などに分かれている。内陣外陣境は例外なく透格子、菱格子であって、外陣側から内陣を覗き込むことができた。内陣は本尊安置・仏事、外陣は参拝のための空間であり、後戸は仏事執行などの補助的空間、局は参籠のための施設である。

に委ねられた。これらの制作にあたって運慶は，すでに老境にあった父康慶の有力な補佐役として，あるいは実質的推進者として活躍し，康慶の没後に制作された南大門の仁王像(第 48 図)は名実ともに運慶の最大の仕事ということができる。しかも東大寺大仏をめぐる巨像群は，この仁王像のみが残されており，鎌倉時代初頭，南都復興の彼らの栄光を物語る唯一の記念碑である。

なお現在，興福寺には，運慶一門によってつくられた西金堂や北円堂，食堂などの仏像が遺されているが，とくに西金堂の本尊釈迦如来像の頭部(木造仏頭)は近年，新たな史料(『類聚《るいじゅう》世《せ》要《よ》抄《しょう》』)の発見により，運慶が 1186 (文治2)年に制作したことが判明している。

興福寺金剛力士像(阿形)　国宝

興福寺天燈鬼像(左)・**龍燈鬼像**(右)　国宝

南都復興と仏師たち

1180（治承《じしょう》4)年 12 月 28 日，平重衡《たいらのしげひら》を大将とする平氏の軍勢によって南都(奈良)が焼打ちされ，東大寺《とうだいじ》と興福寺《こうふくじ》の堂塔のほとんどが失われてしまった。堂宇《どうう》や仏像の復興は翌 6 月に早くも計画され，藤原氏の氏寺である興福寺の場合は各国への造営費の割り当てが定められ，諸堂の造仏の担当者も任命された。金堂は明円《みょうえん》，講堂は院尊《いんそん》，食堂《じきどう》は成朝《じょうちょう》，南円堂は康慶《こうけい》がそれぞれ大仏師として任命された。このうち明円と院尊は京都を本拠として朝廷や貴族の庇護《ひご》のもとで大寺の造仏にあたっていた仏師で，成朝・康慶は奈良仏師・興福寺仏師と呼ばれ，興福寺を中心に活躍していた。様式的には前者が定朝《じょうちょう》（平等院《びょうどういん》阿弥陀《あみだ》如来像《にょらいぞう》〈第 35 図〉の作者，藤原彫刻の完成者）以来の和様の伝統的作風を踏襲していたのに対し，後者はいち早く中国宋時代の作風を取り入れ，また天平《てんぴょう》時代や平安《へいあん》初期の奈良に残っている仏像にも注目して新しい様式をめざしていた。復興事業も本来なら成朝・康慶ら奈良仏師の手でおこなわれるはずであったが，事業の規模の大きさや藤原氏と京都仏師との関係の深さから彼らが参加することとなり，しかも金堂・講堂など主要な堂宇の造仏を担当した。

東大寺の場合は大仏の鋳造に宋から来朝した陳和卿《ちんなけい》があたり，1185（文治《ぶんじ》元)年に完成した。大仏の鋳造，大仏殿の再建と引き続く大事業のためほかの諸像の再興はやや遅れて始められた。この間，政権は平氏から源氏へ移り，奈良仏師の実力も鎌倉幕府に認められて，興福寺の場合とは異なって彼らが独占することとなった。とくに康慶一派は実子運慶をはじめ，門下に快慶・定覚《じょうかく》・定慶《じょうけい》ら優れた仏師を擁しており，中門の二天(像高 7 m)，大仏の両脇侍《きょうじ》(同 9 m)，四天王(同 13 m)などの巨像はことごとく彼らの手

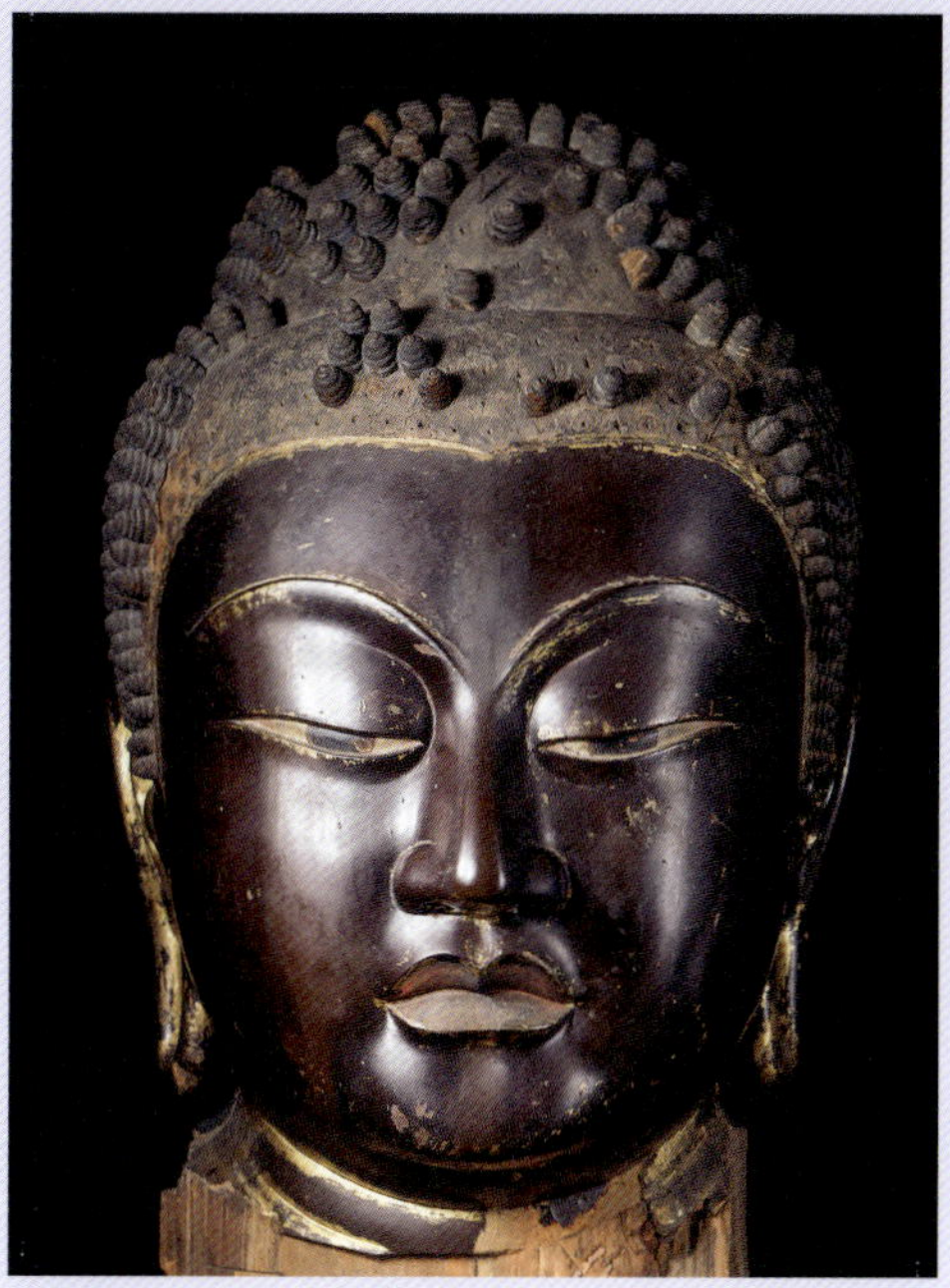

興福寺木造仏頭　国重要文化財

東大寺僧形八幡神像　国宝

無著像(右)・**世親像**(左)　興福寺北円堂, 国宝, 木造・彩色, 像高(無著像)194.7cm・(世親像)191.6cm, 鎌倉時代(13世紀初頭), 運慶等作

興福寺無著像・世親像

こうふくじむちゃくぞう・せしんぞう

五十二

興福寺北円堂諸尊の鎌倉再興

興福寺北円堂《ほくえんどう》は、七二〇(養老《ようろう》四)年に亡くなった藤原不比等《ふひと》の追善供養のため、翌年の一周忌に長屋王《ながやおう》の発願《ほつがん》によって建立された。十一世紀半ばに一度焼失し、一〇九二(寛治《かんじ》六)年に食堂《じきどう》とともに再建されるが、一一八〇(治承《じしょう》四)年の南都焼打ちにより、興福寺の北円堂も含め堂塔《どうとう》伽藍《がらん》のほとんどが灰燼《かいじん》に帰した。寺の再興造営はただちに始められ、講堂や食堂・南円《なんえん》堂などが建設されている。しかし北円堂の再興は少し遅れ、諸堂の工事が一段落した一二〇七(承元《じょうげん》元)年になり、専《せん》心上人《しんしょうにん》の勧進《かんじん》でようやくその緒についた。創建時の姿にそって再建が計画され、諸尊の造仏は大仏師《だいぶっし》運慶《うんけい》以下一〇人の仏師と五人の供奉《ぐぶ》仏師の手に委ねられた。運慶はこのときすでに仏師の最高位である法印《ほういん》にのぼっており、当時の中央造仏界における指導的な地位を確立するとともに、作風の面でも、数々の古典研究を踏まえつつ独自の様式を創出するという、いわば円熟の境地に到達していた。

造仏は約三年余りをへた一二一二(建暦《けんりゃく》二)年正月にはほぼ完成の運びとなっている。本尊弥勒《みろく》如来坐像の台座反花《かえりばな》の内側に記された銘によれば、本尊は源慶《げんけい》と静慶《せいけい》、脇侍《きょうじ》菩《ぼ》薩《さつ》の一方は運覚《うんかく》(他方は不明)、四天王は湛《たん》慶《けい》・康運《こううん》・康弁《こうべん》・康勝《こうしょう》、無著像は運助《うんじょ》(または康弁)、世親像は運賀《うんが》(または康勝)といったように、運慶の子息や一門の古参仏師が分担して各像の制作にあたったことがわかる。運慶は、本尊はもとより、その全体を統轄したと考えられる。

無著像・世親像

無著と世親は、五世紀頃にインドで活躍した兄弟の学僧で、数々の唯識《ゆいしき》(法相《ほっそう》宗の根本理念となる一種の観念論)に関する書物を著し、法相の教学を確立した人物としても知られている。弥勒像に随侍《ずいじ》してつくられるのは、無著が兜率天《とそつてん》(弥勒の浄土)上の弥勒菩薩のもとに法を求めてはせ参じたという伝説にもとづく。無著が老相、世親が荘年の相に表現されるが、ともに眼光鋭く気迫に満ちた顔貌で、またその腕のかまえや衣の襞《ひだ》によって、独特の彫刻空間を構成している。このようなたんに彫像《ちょうぞう》そのものの立体感だけでなく、周囲の空間をも巻き込むような緊張感を実現しているところに、運慶その人にしか達成し得ない造形の非凡さもうかがえる。

像は桂《かつら》材を用い、無著は頭体の中心部を一材で、世親は同じく前後二材で彫り出し、体の両側や裾などに別材を矧《は》ぐ。ともに内刳《うちぐり》をほどこし、玉眼《ぎょくがん》を嵌入《かんにゅう》している。彩色仕上げとするが、剝落は著しい。法衣や袈裟《けさ》の一部に蓮華文《れんげもん》や宝相華文《ほうそうげもん》・遠山文《とおやまもん》などの痕跡が認められる。なお、近年の研究によれば、現在、興福寺南円堂の四天王と伝えられる像は、元来この北円堂の四天王(現在安置の像は修理銘から七九一〈延暦《えんりゃく》十〉年作の大安寺像と知られる)であったことが指摘されている。

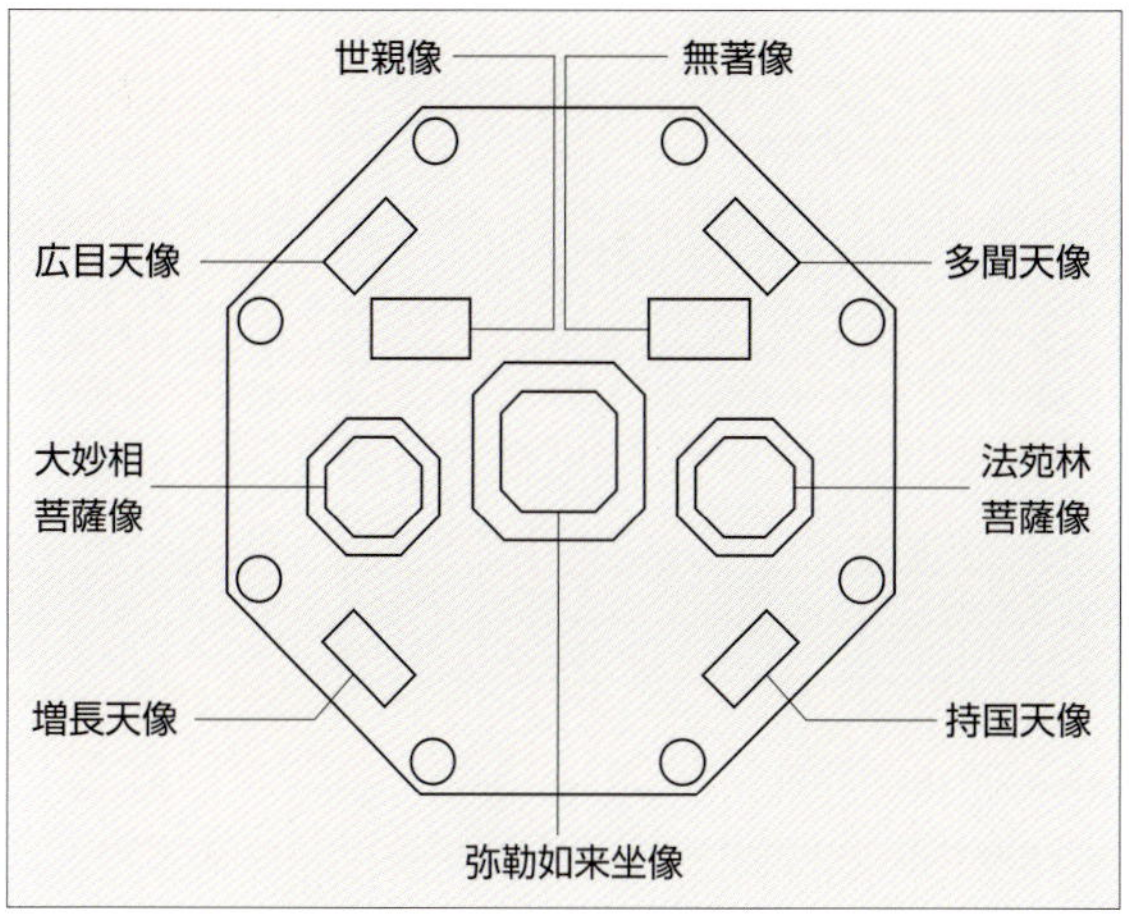

興福寺北円堂内諸仏の配置

六波羅蜜寺空也上人像《ろくはらみつじくうやしょうにんぞう》

国重要文化財, 木造・彩色, 像高117.6cm, 鎌倉時代, 康勝作

五十三

空也上人と六波羅蜜寺

空也上人は九〇三（延喜《えんぎ》三）年に生まれたが、その出身はあまりはっきりせず、醍醐《だいご》天皇の第二皇子であるともいわれている。尾張国分《おわりこくぶん》寺《じ》で出家して空也と号し、その後、諸国を遍歴して九四八（天暦《てんりゃく》二）年には比叡山《ひえいざん》に登り修行を重ねた。九七二（天禄《てんろく》三）年、七〇歳で入滅《にゅうめつ》するまで、生涯特定の宗派に所属せず、市井《しせい》の布教者として終始行動した。とくに京の都では「南無阿弥陀仏《なむあみだぶつ》」の六字の名号《みょうごう》をとなえて民衆を教化し、阿弥陀聖《ひじり》・市《いち》の聖などと呼ばれて多くの熱狂的信者を集めたといわれ、平安時代から鎌倉時代にかけてさかんになった浄土《じょうど》信仰の先鞭《せんべん》をつけた。

九五一（天暦五）年、都に疫病が流行した際、十一面観音像《じゅういちめんかんのんぞう》をつくり、これを車にのせて洛中をめぐり疫病退散を祈った。この像を祀って開いたのが西光寺《さいこうじ》で、のち弟子の中信《ちゅうしん》に引き継がれ寺名も六波羅蜜寺と改められて天《てん》台宗《だいしゅう》の寺院となった。この六波羅の地は、平安時代の終わり頃には平氏の館が、鎌倉時代には鎌倉幕府の出先機関である六波羅探題《たんだい》があったところとして名高く、都における武家政治の中心地でもあった。そのためこの寺もしばしば兵火を受け、今では多くの堂塔《どうとう》を失い、古建築としては一三六三（貞治《じょうじ》二）年に再建された本堂を残すのみである。

空也上人像

現在、六波羅蜜寺には最初の本尊十一面観音像をはじめ平安時代から鎌倉時代にかけて制作された仏像十数軀が幾度かの兵火を逃れて残っている。空也上人像もそのうちの一軀である。像高一一七・六cm、檜材《ひのき》の寄木造《よせぎづくり》、目を玉眼《ぎょくがん》（水晶の薄い板をはめ込んだもの）とし、像の表面は黒ずんでいるが、もとは鮮やかな彩色がほどこされていた。像内に書かれた銘文により、大仏師運慶《うんけい》の四男康勝《こうしょう》が鎌倉時代前期に制作したことが判明している。

像は市中を巡行する老上人の姿を彫刻したものである。目を細めて顎《あご》を突き出し、恍惚《こうこつ》とした表情で念仏《ねんぶつ》をとなえる。口から針金が出て、そこに六軀の阿弥陀如来《にょらい》像が立っている。念仏をとなえる上人の口に六軀の阿弥陀如来が出入りしたという伝承によったものと思われ、「南無阿弥陀仏」の六字の名号を象徴するものである。腰をまげた体軀には膝までしかない短い粗末な衣をまとい、前に鉦鼓《しょうこ》をかけ、右手で撞木《しゅもく》をもち、左手で長い杖をつき、腰には毛皮をまとっている。草鞋《わらじ》の紐が足に深く食い込んでいる。老僧の腰をまげた姿態、枯瘠《こそう》した容貌、複雑に折り重なった衣《え》文《もん》など、すべてが現実味豊かに表現されていて、ひたすら人々の幸せを願って念仏する上人の姿をほうふつとさせる。鎌倉彫刻の写実的傾向が遺憾なく発揮された作品である。

六斎念仏の起源

僧侶の像には珍しく、鹿の角を頭につけた杖をつき腰に毛皮をまとっているのは、上人が愛《め》でていた鹿が猟師に殺されたのをあわれみ、その皮と角をもらい受け、皮は裘《かわごろも》とし、角は杖頭につけて生涯わが身から離さなかったという伝説にもとづくものである。

猟師は自らの殺生を悔いて上人の弟子となり、瓢《ひさご》をたたき、上人のつくった法曲《ほうきょく》をうたい、無我の境地になって寒夜もいとわず洛中をめぐって人々の教化に努めたという。定盛《じょうせい》というのがこの猟師の名で、彼の子孫は有髪《うはつ》の姿に黒衣をまとい、念仏しながら市中を徘徊して踊ったといわれている。これが現在でも京都に伝わる六斎《ろくさい》念仏の起源である。

京都の六斎念仏

明月院, 国重要文化財, 寄木造, 像高68.2㎝, 鎌倉時代後期

五十四

上杉重房像

うえすぎしげふさぞう

上杉重房

上杉重房(生没年不詳)は、鎌倉時代中期の貴族、武将で上杉氏の祖である。藤原北家《ふじわらほっけ》・勧修寺流《かじゅうじりゅう》に属する藤原清房《きよふさ》の子で、式乾門院《しきけんもんいん》の蔵人《くろうど》、修理大夫《しゅりたいふ》、左衛門督《さえもんのかみ》に任じられた。一二五二(建長《けんちょう》四)年に将軍となった宗尊親王《むねたかしんのう》に従って鎌倉に下向《げこう》し、将軍の近習《きんじゅう》として仕え、このとき丹波《たんば》国何鹿《いかるが》郡上杉荘(現、京都府綾部《あやべ》市上杉)を与えられ、上杉氏を名乗ることとなる。一二六六(文永《ぶんえい》三)年、宗尊親王は謀反《むほん》の疑いにより京都に戻されるが、重房はそのまま鎌倉にとどまり、武士となって幕府に仕えた。やがて有力御家人の足利泰氏《あしかがやすうじ》に仕えた重房は、娘(妹説も)を足利家当主の頼氏《よりうじ》に嫁がせ、また重房の子頼重《よりしげ》の娘(清子《きよこ》)は足利貞氏《さだうじ》の妻となり、尊氏《たかうじ》・直義《ただよし》を生んだ。上杉氏は足利氏と密接な姻戚関係を結ぶことで、以後、足利氏の外戚として重きをなし、また重房は上杉家の祖として尊ばれて肖像も制作された。

重房像の特徴

この上杉重房像は、現在、鎌倉の明月院《めいげついん》に所蔵されており、同じく鎌倉の建長寺《けんちょうじ》所蔵の北条時頼《ほうじょうときより》像、東京国立博物館所蔵の源頼朝《みなもとのよりとも》像とともに、鎌倉時代後期に制作された武将の肖像彫刻として著名なものである。いずれも烏帽子《えぼし》をかぶり、強装束《こわしょうぞく》をつけ、手に笏《しゃく》をもつ坐像であり、面貌にはそれぞれ個性を示す的確な写実がうかがえるのに対して、着衣には共通の図式化が認められる。これは十三世紀後半〜末頃に頂点を迎える武将の肖像が一つの様式的確立をみたことを示しており、同時代にさかんとなる禅宗《ぜんしゅう》僧侶の頂相《ちんぞう》と同じ傾向にあったことも明らかである。

本像については、今日、神護寺所蔵の伝源頼朝像をはじめ肖像画のいくつかの人物比定において疑問が提示されているのと同じく、それがまさしく上杉重房の肖像であったかは疑問とせざるを得ない。しかし、現在所蔵する明月院が北条時頼創建の最明寺《さいみょうじ》の塔頭《たっちゅう》の一つで、南北朝時代に関東管領を務めた上杉憲方《のりかた》(一三三五〜九四)によって中興された上杉氏の氏寺的寺院であることから、その蓋然《がいぜん》性は高いと思われる。

似絵

鎌倉時代には、写実主義の風潮を反映して肖像画、とくに新形式の似絵《にせえ》が流行した。従来の肖像画が礼拝を目的として故人や架空の人物を想像して描いたのに対し、似絵は実在の人物に似せて描くことを主眼とした肖像画であった。左の伝源頼朝像は、似絵の先駆者である藤原隆信《たかのぶ》によって描かれたものといわれ、源頼朝を写したものではないとする説が有力であるが、いずれにせよ当時の貴人の人間性を如実に示す作品である。似絵の芸術性とともに、その人間像について考える良い機会となろう。

伝源頼朝像　神護寺, 国宝, 絹本著色, 一幅, 縦143.0cm・横112.8cm, 鎌倉時代(13世紀), 伝藤原隆信筆

執筆者一覧（数字は担当項目番号）

小林忠（岡田美術館館長、学習院大学名誉教授）
監修、七十四～七十九、八十二～八十九、九十二～一〇一、一〇三～一〇八、
コラム 桃山の巨匠・狩野永徳

五味文彦（東京大学名誉教授）
監修、四十九、五十、五十六～五十八

浅井和春（青山学院大学名誉教授）
監修、二～六、九、十、十三、十四、十六～十八、二十三、二十四、二十六～二十九、三十一、
三十三、三十五、三十六、三十八、三十九、四十八、五十二～五十四、九十一、
コラム 玉虫厨子に見る釈迦本生譚、仏像の種類、天平の彫刻・平安の彫刻、仏像の衣文、南都復興と仏師たち
編集協力　原浩史（慶應義塾志木高等学校教諭）

佐野みどり（学習院大学教授）
監修、七、十一、十二、二十五、三十二、三十七、四十～四十六、五十五～五十七、六十三～六十九、
コラム 絵巻物の基礎知識

杉本一樹（宮内庁正倉院事務所宝物調査員）
十九～二十一

伊藤毅（青山学院大学教授）
六十～六十二、七十～七十三、八十、八十一、九十、一〇二、
コラム 現存する安土桃山時代築造の天守

藤井恵介（東京藝術大学客員教授）
一、八、十五、二十二、三十、三十四、四十七、五十一、五十九、
コラム 塔の構造

本書は、左記の先生方にご執筆いただいた『日本史写真集』（山川出版社、一九八三年）をもとに編集いたしました。記して感謝申し上げます（敬称略、五十音順）。
天田起雄、荒川浩和、有賀祥隆、伊原恵司、牛川喜幸、小笠原小枝、
小笠原信夫、奥平俊六、斎藤英俊、鈴木嘉吉、鈴木廣之、関口正之、
田中義恭、千野香織、徳川義宣、服部文雄、原田実、益田兼房、
光森正士、村井益男、村重寧、毛利和夫、矢部良明

提供者一覧（敬称略，50音順）

※所蔵者と提供者が異なるものを記しました。所蔵者は写真キャプションに記しました。

朝日新聞社　p.29／飛鳥園　p.6, 26, 32, 64上, 65, 116, 117左, 118／アマナイメージズ　p.121／Image:TNM Image Archives　p.99, 102下／入江泰吉記念奈良市写真美術館　p.22下／ウイングス・フォト・エンタープライズ　p.4上, 20下／鎌倉国宝館　p.122／木津川市教育委員会　p.57下, 82下, 83／京都国立博物館　p.64下, 74, 75, 84右下, 98, 100上, 123／宮内庁京都事務所　p.44下／公益財団法人美術院　p.37, 108, 109／高野山霊宝館　p.84上／シーピーシー・フォト　p.57上／田中真知郎　p.7右, 10, 16左, 20上, 36上, 40, 42, 44上, 50左下, 54, 56, 60, 62, 66, 68, 70右上, 71左, 72, 76上, 82上, 104, 106／徳川美術館イメージアーカイブ／DNPartcom　p.90／奈良国立博物館　p.12, 13, 14, 15, 18, 19, 28上, 35, 38左上, 38左下, 43, 51, 52上, 53, 69, 70右下, 76右下, 76左下, 92, 93, 107, 117右／便利堂　p.8, 16右, 30, 52下, 73／村上卓司　p.71右／ユニフォトプレス　p.28左下

もういちど訪《たず》ねる日本《にほん》の美《び》　上

2018年５月20日　１版１刷　印刷
2018年５月25日　１版１刷　発行

監修　小林忠《こばやしただし》　五味文彦《ごみふみひこ》　浅井和春《あさいかずはる》　佐野《さの》みどり

発行者　野澤伸平

発行所　株式会社　山川出版社
〒101-0047　東京都千代田区内神田1-13-13
電話　03-3293-8131（営業）　03-3293-8135（編集）
https://www.yamakawa.co.jp/
振替　00120-9-43993

印刷・製本　岡村印刷工業株式会社

装幀　菊地信義

本文デザイン　黒岩二三［fomalhaut］

ISBN978-4-634-59105-9